행복한 리더가 끝까지 간다

전례 없는 위기의 시대,
어떤 리더가 살아남을 것인가?

#위드코로나
#디지털트랜스포메이션
#MZ세대와의공존

행복한 리더가 끝까지 간다

김영헌 지음

플랜비디자인

추천사

그 어느 때보다 빠르고 불확실성이 높은 변화의 시대를 맞아 새로운 돌파구를 찾는 리더들에게 권하고 싶은 책이다. 한국코치협회 부회장으로도 봉사하고 있는 저자는 코칭 현장에서의 코칭 대화 경험을 모멘텀 삼아 조직 생활에서의 다양한 이슈들을 망라하고 있으므로 리더만이 아니라 조직의 구성원, 개인과 조직을 코칭하는 전문코치들에게도 크게 도움이 되리라 본다.

- **강용수** (사)한국코치협회 회장

하루를 시작하면서 잠시 생각할 수 있게 해주어서 좋다. 사회생활을 하는 누구나 공감하고 편하게 읽을 수 있을 것 같다. 그러면서도 깊은 통찰력을 가질 수 있게 해주는 책이다.

- **김관영** 포스코 인재창조원장

가장 좋은 교육은 정답을 알려주는 것이 아니라, 정답을 '찾는' 법을 가르치는 것입니다. 이 책 역시 이제 사회생활을 시작하는 초년생부터 관리자, 경영자에 이르기까지 조직 속에서 여러 어려움을 만나게 될 때, 지혜롭게 헤쳐나갈 방법을 찾을 수 있도록 이끌어주고 있습니다. 급변하는 사회 속에서 옳은 길을 찾기 위해 고민하는 순간, 하나의 이정표로서 가장 먼저 이 책을 떠올릴 수 있길 바랍니다.

- **김무환** 포스텍 총장

지난 2년간 저의 코치이자 씽킹 파트너로서 위임과 직원 육성에 대한 통찰의 질문을 던져주셨던 김영헌 코치님 덕분에 리더십은 타고나거나 살면서 자연스럽게 길러진다는 생각을 바꿀 수 있었습니다.

이 책이 독자들에게 리더십 코칭의 새로운 세상을 안내하는 좋은 길잡이가 되길 바랍니다.

　　　　　　　　- 김성수 과학기술정보통신부 연구개발투자심의국장

포스코에서의 성공적인 경영 경험과 경영코치로서의 내공을 바탕으로 현장의 리더들에게 알찬 조언과 함께 생각해 볼 만한 중요 화두를 던지고 있습니다. 자신의 리더십을 새로운 시각으로 돌아보고 재정립해보길 원하시거나, 탁월한 리더로 성장하고자 노력하시는 직장인들에게 꼭 읽어보시도록 권하고 싶습니다.

　　　　　　　　- 김신배 前 SK그룹 부회장. 포스코 이사회 의장, CEO전문 경영코치

우연한 기회에 평소 존경하는 저자로부터 추천사를 요청받는 영광을 누리게 되었다. 그것도 "생존, 행복, 리더십"이라는 인생의 핵심 키워드가 다 들어가 있는 책이었다. 읽고 난 후, 나에게 있어 "조직 생활"은 어떠한 의미를 갖고 있는지 다시 한번 생각하게 되었다. 단순히 돈을 벌기 위한 수단이 아닌, 나의 인생 전반을 살아가는 데 있어서 온전한 "나"로 살아갈 수 있게 해주는 핵심수단이라는 것을 깨달았다.

생존을 넘어 "성장"을 통해, 나아가 인생의 목적인 "행복"을 추구할 수 있도록 하는 나침반 같은 책이다. 내 곁에 두고 틈틈이 펼쳐 볼 수

있는 책! 소확행을 느끼며 추천사를 마무리해본다.

- 김진실 국가직무능력표준원장

저자는 '자신의 변화로 상대의 변화를 이끌어 내는 것'을 몸소 실천하시는 분이십니다. 임원 코칭을 받으면서 '나도 저 분처럼 코치가 되고 싶다'는 생각을 했고, 지금은 그 바람대로 KPC코치가 되어 현업에서 코치형 리더를 육성하고 있습니다. 이 책은 오랜 기간의 현장 경험과 코칭 사례를 기반으로 꾸며져 있어 더 공감이 갑니다. 또한 '생각해 볼 화두'를 통해 리더로서의 나를 성찰해 보게 하며, 리더십을 완성시키고자 하는 리더들에게 그것을 구조화시키는 데 도움을 줄 수 있는 지침서라고 생각합니다.

- 류창우 르노삼성자동차 상무, KPC 코치

김영헌 코치님은 프로 코치들의 롤모델이자 존경받는 훌륭한 멘토 코치이다. 이 책은 미래 조직원이 될 MZ세대뿐만 아니라 자기 삶을 최상으로 살기 원하는 모든 세대들에게 깊은 통찰력과 인생의 솔루션을 주는 최고의 지침서이다. 나와 조직을 새롭게 디자인하기를 원하는 당신에게 매력적인 이 책을 강력 추천한다.

- 서우경(Ph.D.) ICF국제코칭연맹 마스터코치(MCC),

한국상담코칭진흥원 원장, 연세대학교 리더십 겸임교수

4차 산업혁명과 MZ세대 부상, 특히 포스트 코로나의 대변화 속에 기업과 조직은 경영의 근본적 패러다임 전환기를 맞고 있다. 이런 대변환기에 조직 재설계, 새로운 인재 개발 등이 가장 시급한 과제이다. 이책은 오랜 기업 실무 경험과 대학 강의 연구를 통해 HR, 조직, 혁신 분야 최고 전문가가 제시하는 필독 해법이다. 참고로 저자는 연세대 MBA 경영대상 인재개발 부문을 수상하였다.

- **설도원** 연세대 겸임교수, 연세대 MBA 동창회장, 前 홈플러스공동대표이사

이 책은 조직의 리더들이 생존하고 성장하며 행복하기 위한 모든 지혜들이 다 들어 있는 보물상자다. 포스코에서 35년간 HR 분야에서 실무자와 임원으로 일하며 한국경제신문에 오랫동안 써온 명칼럼에서 이미 증명되었듯이, 김영헌 박사의 성공적인 일과 삶의 기록뿐만 아니라, 경영자 코치로서 현장에서 관찰하고 체득한 21세기 조직에서의 멋과 맛을 느낄 수 있는 비법들이 망라되어 있다.

- **서재진** 미래인력연구원장, Growning코칭원 원장, 前 통일연구원 원장

이 책의 저자인 김영헌 박사는 국내 굴지의 대기업인 포스코 인사 부문 등 임원으로 오랜 직장 경험을 토대로 학업에 열중하여 학문적으로도 훌륭한 업적을 이룬 이론과 실제를 겸비한 대한민국 최고의 전문가이다. 저자는 이 책을 통해 코로나19와 4차 산업혁명이 초래한 문명사적 대변환 속에 MZ세대를 중심으로 조직 구성원의 의식과 가치관의 변화는 무엇이며 이를 토대로 향후 조직이 생존하기 위하여 어떤 조직 문화를 구축하여야 하는지를 정립하였다.

또한 저자는 조직 구성원들이 자신의 역량을 최대한 이끌어 창조적이고 역동적으로 공헌함과 동시에 조직 생활에서 행복과 즐거움을 맛볼 수 있는 새로운 리더십 비법을 제시하였다. 저자는 경희대 경영대학원 코칭사이언스 전공 주임교수로서 우리 경영대학원에도 본서가 크게 활용되리라 확신한다.

- 송상호 경희대 경영대학원장

경영 철학과 일하는 방식까지 송두리째 뒤흔드는 대변혁기를 맞아 기업의 리더는 생존과 행복의 무늬를 어떻게 디자인할 것인가? 이 질문에 대하여 김영헌 교수는 포스코그룹 인사, 교육, 혁신 등의 분야에서 실무에서 임원까지 현장 경험과 대학교수로서 연구를 통해 수많은 기업의 코칭을 진행해온 커리어를 바탕으로 본서에서 생존, 행복, 성장의 디자인 방법을 명쾌히 답하고 있습니다.

- 엄준하 박사, 한국HRD협회 회장, 월간 HRD 발행인

지금 세계는 서로의 '생존과 행복'의 울타리 속에서 조화로운 삶을 추구하고 있다. 그것이 바로 어느 조직의 구성이라고 해도 지나치지 않는다. 개인이나 기업의 성공은 리더십에 의해 좌우된다. 저자의 말에 깊이 공감하면서 생존을 위한 리더십의 하모니가 되기를 소망해 본다. 또한 '행복의 리더십'을 꿈꾸는 누구라도 이 책을 읽어보길 권한다.

- 이창호 이창호스피치리더십연구소 대표, 국제생태문명위원회 위원장

사람은 사회적 동물이다. 우리는 일터라는 조직에서 인생의 상당한 시간을 보낸다. 조직에서 활동하면서 생존을 넘어 성장과 행복에 이르게 하는 생각법과 실천법이 이 책에 담겨 있다. 저자는 기업과 대학에서 쌓은 경험과 지식을 이 책에서 진정성 있게 녹여냈다. 박사 과정 지도교수로서 기쁜 마음으로 조직의 리더들에게 일독을 권한다.

- 장영철 경희대 명예교수

직장인들이 현장에서 절실하게 필요로 하는 값진 지식과 지혜를 담고 있는 탁월한 책이다. 특히 저자의 학식과 경험으로 이론과 실제를 흥미 있게 다루어 감동을 일으킨다.

- 최치영 CMOE 회장

저자는 "모든 사람에게는 무한한 가능성이 있다"는 코칭 철학에 입각하여 어떻게 조직 내에서 개인의 성장과 행복을 이룰 것인가를 제시하고 있다. 자신이 몸담고 있는 조직도 개인의 성장과 행복을 바탕으로 지속 가능하리라 생각한다. 개인의 성장과 행복을 코칭한 풍부한 임상 경험과 조직을 경영하고 고민한 저자의 노하우가 이 책에 담겨 큰 선물처럼 우리들에게 찾아온다. 이 책은 자신이 진정 이루고 싶은 것을 셀프 코칭을 통해 성취할 수 있도록 원동력을 제시하고 있다. 직장인뿐만 아니라 모든 코치들에게 일독을 권한다.

- 폴정 박사 ICF MCC, IAC MMC 마스터 코치

추천자의 가나다순으로 편집하였다.

코로나 일상 시대, 새로운 리더를 원한다

요즘 우리 사회와 조직생활에서 화두는 무엇일까? 필자는 3개의 키워드를 꼽고 싶다. 첫째는 이미 우리 곁에 와 있는 '디지털 트랜스포메이션' 즉 제4차 산업혁명, 둘째는 코로나 일상 시대, 셋째는 우리 조직에서 곧 주역이 될 MZ세대이다. 코로나 환경에서도 조직의 지속 가능을 추구해야 하는 공동체 의식을 MZ세대와 어떻게 공유해야 할까? 우리는 한 번뿐인 인생에서 어떻게 조직과 함께 행복한 삶을 살 수 있을까?

우리는 조직생활을 하며 더불어 함께 살아간다. 사회적 동물이라는 표현은 2명 이상이 조직에서 근무하는 동안 언제나 회자될 것이다. 직장인들의 조직생활에 도움을 주기 위해 작성한 칼럼 중에서 일부를 모아 재편집을 통해 한 권의 책을 만들었다.

언젠가 이내화 성공학 컨설턴트가 필자에게 한국경제신문 The pen에 칼럼을 기고하는 것이 어떠냐고 느닷없이 화두를 던졌다. 포스코에서의 직장생활 경험과 노하우 그리고 포스텍과 경희대의 학부와 경영대학원 강의를 하며 얻었던 내용을 후배들을 위해 정리해보는 것이 어떠냐는 뜻에서 출발했다.

필자는 80년대 포스코에 입사하여 인사, 인재육성, 혁신분야 등에서 주로 일했다. 근무하는 동안 경영학 석사, 박사과정을 이수하며 학업도 병행했다. 낮에 근무하고 야간에 리포트와 논문을 작성했기에 쉬운 일은 아니었다. 그러나 보람은 매우 컸다.

포스코를 시작으로 30년 이상의 직장생활을 마치고, 대학에서 강의를 하면서 코칭 공부를 시작하였다. 매우 재미있었다. 이 칼럼들을 쓰게 된 것도 코칭 현장에서 CEO, 임원, 팀장들과 코칭 대화를 하면서 느낀 점이 모멘텀이 되었다. 또한 강의와 소통을 하면서 그들의 관심을 파악한 것이 이 책의 주제가 되었다. 석박사 공부 시 연구한 내용과 포스코에서 임직원으로 체험한 것을 토대로 필자가 다시 조직생활을 한다면 어떻게 하면 좋을까 하는 관점이다.

한편 대학에서 학부생들과 대화하며 미래 조직인인 그들의 살아있는 이야기를 들었고, 갓 입사한 신입사원들을 대상으로 특강과 소통을 하면서 그들이 듣고 싶어 하는 것이 무엇인가를 살펴보게 되었다. 그리고 이런 것들을 경영자나 리더들이 이해하고 그들과 소통해야 한다는 것이 필자의 생각이다. 또한 경영자나 간부들이 미래 조직원이 될 학생들의 생각과 신입사원들이 원하는 롤 모델의 모습을 알아차리고 그들의 멘토가 되었으면 하는 바람도 이 칼럼에 담겨있다.

경영학은 프레드릭 테일러의 과학적 관리법, 엘튼 메이어의 인간관계론 등을 통해 발전되어 왔는데 최근에는 상황적합적 접근법이 현대적 접근법이라고 할 수 있다. 즉 어떠한 경영이론도 모든 상황에서 적용될 수 있는 경영원칙은 없다는 것이다. 만병통치약 같은 경영원칙은 없다. 또한 어떤 경영 이론이나 혁신 기법도 진부해진다. 상황이 다르면 이에 따른 해결책도 다르게 해야 한다. 따라서 끊임없이 도전하고 혁신해야 한다.

우리를 둘러싼 상황 변수는 예를 들면, 조직의 태동시기와 규모, 조직 환경의 불확실성, 조직이 생산하는 제품과 서비스의 기술 특성, 조직 구성원의 성장 욕구 등 다양하다. 따라서 필자는 모든 상황에 적합한 솔루션이 있다기보다 각 회사와 CEO 및 구성원이 처해 있는 상황에 따라 스스로 답을 찾아가야 한다고 믿는다.

이 과정에서 참고가 될 수 있도록 전문가나 학자의 선행 연구 내용과 CEO 등 경영자와 일선 관리자들의 실제 사례도 제시하였다. 여기에 필자의 의견도 덧붙였으니 선택은 독자 스스로의 판단에 맡기는 것이 좋겠다는 생각이다. 필자는 평소 "정답이 없다"는 말을 자주 한다. 왜냐하면 각자 처해 있는 상황이 너무나도 다르기 때문이다. 그리고 과거의 성공이 미래를 보장해 주지는 않는다. 과거의 성공과 실패의 교훈에서 인사이트를 얻어 자신의 상황과 자사의 조직문화에 맞게 적용해야 한다.

여기에 쓴 칼럼은 주로 조직이 생존하고 지속 성장하며 그 속에서 개인도 성장하고 발전을 통해 행복을 느끼게 되는 데 요구되는 필수 요소를 담았다. 세부적으로는 조직 내에서 개인 차원의 행동, 집단 차원의 행동, 조직 전체 차원에서의 행동 등을 두루 다루었다. 내용 면에서는 목표와 비전/전략 및 영향력, 동기부여, 커뮤니케이션, 의사결정과 부하육성, 그리고 조직문화 등이 망라되었다. CEO, 임원, 팀장 그리고 중견 및 신입사원에 특화된 주제가 있어 자신의 위치와 다른 계층의 관점도 폭넓게 이해할 수 있을 것이다.

리더 등 조직인은 자신과 조직이 생존해야 성장도 있고 행복도 있다. 그러려면 어떤 생각을 하고 무엇을 어떻게 실천해야 할까? 그 비법이 이 책에 있다. 필자는 평소 리더십은 상황에 맞게 발휘해야 한다고 생각하고 있다. 그 상황에서 무엇을 발휘해야 할까?

그것은 바로 IMCD2라고 할 수 있다. 즉 영향력(Influence), 동기부여(Motivation), 소통(Communication), 방향성 정립(Direction) 그리고 의사결정(Decision Making)이다. 리더로서 어떤 전문성을 갖고 어떻게 존경을 받고 있는가? 리더 본인과 소속 직원들에게 어떻게 동기부여를 하고 직원들의 사기(morale)는 어떻게 높이는가? 그리고 자신을 둘러싼 이해관계자들과 감정이 상하지 않게 하면서 어떻게 효과적으로 소통할 것인가? 우리 조직의 존재 이유인 미션 비전을 만들고 구성원과 공유하며 어떻게 실천할 것인가? 마지막으로 리더로서 매 순간 다가오는 의사결정을 어떻게 할 것인가를 생각하고 성찰하게 하는 데 이 책의 목적이 있다.

총 140개가 넘는 칼럼을 1년 52주에 맞춰 엄선한 내용이므로 순서에 관계없이 호감 가는 제목의 내용을 중심으로 읽어나가도 좋을 것이다. 그러나 이 책은 독자 여러분의 책상 위에 올려놓고 일주일에 한 편을 읽고, 그 의미를 생각하면서 '금주의 단어'로 삼아 스스로 성찰하고 음미했으면 한다. 특히 각 칼럼마다 〈생각해 볼 화두〉는 독자 여러분 스스로 작성하여 실천하기를 권한다. 그러면 본인의 통찰과 더불어 조직의 발전을 위해 더 나은 솔루션을 찾으리라 확신한다.

칼럼을 쓰는 과정에 수많은 사람들이 한경닷컴 칼럼을 읽고 건설적으로 피드백해 주시고 격려해 주셨기에 지속할 수 있었고 이것이 재편집되어 책으로 탄생을 하였기에 이 기회에 감사를 드린다. 집필 과정에 참여하여 큰 힘이 되어 준 한기석 전무께도 감사한 마음을 전한다. 그리고 이 책이 나오기까지 열정과 헌신으로 도와주신 플랜비디자인의 최익성 대표, 송준기 본부장, 김정웅 에디터, 이유림 에디터께도 특별히 고마움을 드린다. 마지막으로 사랑하는 아내와 우리 가족들과 함께 기쁨을 나누고 싶다.

목차

1장 개인의 삶과 조직생활을 디자인하라

2장 나의 성장을 도와주는 경영시스템을 구축하라

3장 효과적인 커뮤니케이션 구조를 마련한다

4장 기꺼이 책임을 떠맡고 결정을 내려라

5장 단순한 원리 원칙은 흔들리지 않는다

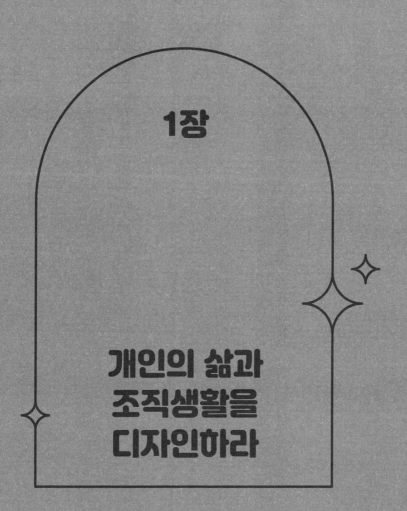

1장

개인의 삶과 조직생활을 디자인하라

01

나를 표현하는
'올해의 단어'가 있는가?

우리는 연말연시가 되면 신년 계획을 세운다. 기업은 시무식을 갖고 CEO는 신년사를 통해 한 해 동안 회사가 나아갈 방향과 목표 등을 전한다. 당신은 올해 어떤 계획을 세웠는가? 새해 계획을 세웠다면 '올해의 단어'도 한번 설정했으면 한다. 단어에 의미를 부여하면 강한 목적의식이 생긴다. 이러한 목적의식이 실행으로 이어져 우리의 삶을 바꾼다. 물론 이 작업은 언론사가 한 해를 보내며 발표하는 10대 뉴스와는 사뭇 다르다. 연말에 지나온 사건을 정리하는 것이 아니라 연초부터 시행할 계획을 세우는 것이다.

존 고든은 세워둔 목표대로 한 해를 살아가도록 돕는 강력하고 실용적인 방법으로 매년 단어를 하나 선택하라고 한다. 그 단어는 우리가 더 의미 있게, 더 큰 사명감을 바탕으로, 더 열정적으로, 목표에 더 충실하게 살도록 영감을 주는 것이어야 한다고 말한다. 그의 친구들은 올해의 단어를 가족과 함께 매년 12월 31일 선택했다고 한다. 존 고든도 가족과 함께 그런 전통을 따라 했다.

그리고 여러 사람에게 알려주었다. 그때 리더들이 선택한 단어는 사랑, 용기, 실행, 인간관계, 긍정 등이었다고 한다. 이어서 매년 단어를 하나씩 정하는 것도 좋지만, 그는 리더들에게 '인생 단어'도 선택하라고 한다. 이런 착상은 "나중에 당신의 묘비에는 어떤 단어가 적혀 있으면 좋겠어?"라는 데서 나왔다고 한다.

즉 올해의 단어가 책으로 말하자면 챕터가 되고 인생 단어는 제목이 되는 셈이다. 이렇게 모인 단어들을 총동원하면 인생 이야기가 되고 나아가 최고의 유산을 남기는 데 도움이 될 것이다. '올해의 단어'와 '인생 단어'는 별개가 아니다. 언제 선정하고 어떤 계기로 선정하느냐 하는 것뿐이고 우리의 목적의식과 서로 연계되어 있다.

그렇다면 올해의 단어를 어떻게 선정해야 할까? 이를 위해 두 가지 이야기를 하고 싶다. 하나는 삶의 수레바퀴다. 필자는 코칭에 참여한 임원들에게 이것을 가지고 초기 대화를 이끌어 간다. 코칭에서 일반적으로 활용하는 수레바퀴에는 8가지 인생 영역이 있다.

예를 들면 업무에서 당신에게 가장 중요한 것은 무엇인가? 당신을 행복하게 했다고 생각하는 것들은 무엇인가? 올해 당신이 발전시키고 싶은 역량이나 전문지식은 무엇인가? 이런 물음을 통해 올해의 단어를 선택할 수 있다. 여기서 중요한 것은 수레바퀴가 균형을 이루어야 한다. 울퉁불퉁하면 그 바퀴가 잘 굴러갈 수 없기 때문이다.

두 번째 내가 평소 좋아하는 글귀나 격언은 무엇인가? 내가 소중히 간직하고 있는 물건은 무엇인가? 같은 질문에서 올해의 단어를 이끌어낼 수 있다. 얼마 전 코치 커뮤니티에서 지인들과 이에 대한 이야기를 나눈 적이 있다. 그중 인상적인 것을 소개하면 이렇다.

- 안도현 시인의 〈간격〉이라는 시[詩]

- 감사하면 감사한 일이 생긴다.

- 따라하지 말고 따라오게 하라.

- 진인사대천명[盡人事待天命]

- 20년간 집에 오는 손님이 쓴 '꿈이 이루어지는 방명록' 간직하고 소통하기

필자는 올해의 단어로 '어울림과 신독'을 선정했다. 올해는 함께할 스터디 모임 등 많은 어울림에서도 절제하는 삶을 추구하고 싶다. 신독[愼獨] 이란 『중용』에 나오는 말로 "군자신기독야[君子愼其獨也]" 즉 "군자는 혼자 있을 때도 신중을 기해야 한다."라는 뜻이다. 비록 성인군자는 아니지만 혼자 있을 때도 여러 사람과 함께 있는 것처럼 행동을 조심하고 겉과 속이 같은 사람이 되고자 노력하고자 한다.

당신의 '올해의 단어'는 무엇인가? 만약 아직 정하지 못한 독자가 있다면 이 글을 읽는 시기가 언제이더라도 생각 한번 해 봤으면 한다. 당신의 인생이 달라질 것이다.

생각해 볼 화두

1. 나에게 '올해의 단어'는 무엇인가?
2. 삶의 수레바퀴에서 자신이 추구하는 삶의 균형을 위해 어떻게 해야 하는가?

02

삶을 바꾸는 데
2분이면 족하다

올림픽 100미터 경주에서 1등을 한 선수 모습을 본 적이 있는가? 1등을 하면 누구나 두 팔을 하늘로 높이 올린다. 적극적인 자신감의 표현이다. 반대로 월드컵축구경기에서 패널티 킥이나 결정적인 찬스에 슛을 실패한 선수 모습은 어떠한가? 대개는 본인 얼굴을 감싼다. 자기가 응원하는 팀 선수가 실패했을 때도 마찬가지이다. 왜 이런 비언어적 현상이 일어날까?

에이미 커디Amy Cuddy 는 행동심리 권위자다. 그녀는 TED에서 "신체 언어가 그 사람을 결정한다. Your Body Language Shapes Who You Are "라고 강조한 바 있다. 그녀 연구에 따르면 몸은 마음을 바꾸고, 마음은 행동을 바꾸고, 행동은 결과를 바꾼다고 한다. 이는 현실에 충실한 것, 즉 '프레즌스Presence '를 통해 달성할 수 있다고 주장한다. 프레즌스란 자신의 진정한 생각, 느낌, 가치 그리고 잠재력을 최고로 이끌어 낼 수 있도록 조정된 심리상태를 말한다.

문화심리학자 김정운 교수는 한때 강아지 키우는 맛에 푹 빠졌다고 한다. 그는 집으로 향할 때 강아지 생각만으로 즐겁다고 토로한 적이 있다. 이유는 무엇일까? 강아지 동작 때문이다. 그가 집에 들어서면 강아지는 거의 1미터 높이로 뛰어오르며 그를 반긴다고 한다. 강아지의 활기찬 동작 하나만으로도 자신의 심리 상태가 바뀐다고 한다. 하물며 자신의 심리 상태를 바꿀 때도 비언어적 신호가 매우 중요하다고 강조한다.

그렇다면 의사소통에 비언어적 요소가 어느 정도 비중을 차지할까? 메라비언Mehrabian에 따르면 어떤 의미를 전달하려 할 때 말이 차지하는 비중은 7%에 불과하다고 한다. 중요한 건 표현할 때 어조가 38%이고, 얼굴 표정이 55%라는 것이다.

한편 다른 연구에 따르면 일상 대화 70% 이상이 언어보다 비언어 소통에 의해 행해진다고 한다. 신체 언어뿐만 아니라 시간 공간 등도 포함된다. 가령 약속시간보다 일찍 가서 기다리는 것은 "나는 정확한 사람이다"라는 뜻을 전달하는 셈이다.

사회심리학자들은 이렇게 말한다. "신체와 정신은 동기화synchrony 되어 있다." 에이미 커디는 "신체 언어를 포함한 비언어적 행동이 확장될 때 정신도 확장된다."라고 주장한다. 면접이나 중요한 시합을 앞두고 원더우먼이나 코브라자세를 약 2분만 취해도 자신감이 상승한다는 이야기다. 무엇인가 시도할 때 그녀가 제시한 강력한 자세를 취해보면 어떨지? 아마 달라질 것이다. 이것이 습관이 되면 인생이 엄청나게(?) 달라질 수도 있다. 삶을 바꾸는 데 하루 2분이면 족하다.

생각해 볼 화두

1. 당신은 신체와 정신이 동기화(synchrony)되어 있다는 말에 동의하는가? 그 이유는 무엇인가?

2. 중요한 일을 앞두고 원더우먼이나 코브라 자세를 취해 볼 용의가 있는가?

03

자신을
객관화해 보자!

조직에서 리더가 되면 업무에 대한 노하우와 성공 경험이 쌓여간다. 그 과정에서 에고Ego 도 함께 쌓여간다. 에고가 많아지면 강해지고 자신을 객관화해 보기가 어려워진다. 워런 베니스는 "리더가 된다는 것은 진정한 자기 자신이 된다는 것이다."라고 이야기했다. 진정한 자기 자신을 볼 수 있으려면 어떻게 해야 할까? 자신만의 거울이 있으면 얼마나 좋을까?

얼마 전 모 임원과 코칭 대화 중 그는 "저 자신을 객관화해 보고 싶습니다."라고 했다. 그래서 '쉐도우Shadow 코칭'이 이루어졌다. 보통 CEO나 임원들은 자기가 주재하는 회의 모습을 제3자에게 공개하지 않으려고 한다. 왜냐하면 누구나 자신의 약점이 공개되는 것을 꺼리기 때문이다. 그럼에도 그는 자신이 주재하는 회의를 지켜보고 피드백해 달라고 요청했다. 회의를 제3자 입장에서 지켜보고 느낀 소감은 업무에 대한 전문성과 열정을 느낄 수 있었다. 전체적으로 업무 성과를 높여주는 효율적인 회의였다고 생각했다. 반면 리더들이 좀 더 생각해보고 실천해야 하는 점들도 있었다. 예를 들면 다음과 같은 것들이다.

- 짧은 시간에 여러 가지 프로젝트를 점검하려다 보니 중압감을 느끼고 시간에 쫓김
- 자료화면을 보고 대화하다 보니 리더와 보고자 사이 eye contact가 부족하고 유머 칭찬이 더욱 요구됨
- 회의 참가자들에게 '우리는 한 팀'이라는 인식을 심어줄 필요가 있음(자기 보고 후 타 보고 시 주의 집중력이 떨어짐)
- 지난주 회의록을 공유하여 공감대 형성
- 특별한 이슈일 경우에는 공식 회의 전 사전 소회의를 통해 방향성과 솔루션 공감대 필요

이런 내용은 우리가 일상 회의에서 개선해야 할 내용이지만 직접 현장을 본 제3자로부터 피드백을 받지 못하면 스스로 인식하지 못하고 계속 같은 문제가 발생하게 된다. 잘 알려진 '조하리 창Johari's window'을 상기해 보면 좋겠다. Joe Luft와 Hary Inham은 자신이 아는 부분과 자신도 모르는 부분 그리고 타인에게 알려진 부분과 타인도 모르는 부분으로 나누었다.

	자신이 아는 부분	자신이 모르는 부분
타인에게 알려진 부분	공공 영역 (Open Area)	맹목 영역 (Blind Area)
타인이 모르는 부분	비밀 영역 (Hidden Area)	미지 영역 (Unknown Area)

　이 모델의 결론은 업무 처리나 대인관계에 있어서 자신을 타인에게 노출시키고 또한 타인으로부터 피드백을 받아 공공 영역을 늘려 나가야 한다는 것이다. 그렇게 함으로써 개인 간 갈등을 줄일 수 있고 함께 의사결정을 내려야 할 때 공감대를 이루어 문제 해결을 신속하고 정확하게 할 수 있게 된다. 여기서 핵심은 평소 자신의 신념과 가치관을 이야기하고 소속 직원과 공감대를 형성하는 것이다. 명확한 의사표시 없이 내 생각을 직원들이 알아주겠지 하면 오산이다. 그러나 자신의 신념을 이야기할 때 자기 자랑에 치우치면 오히려 역효과가 난다.

　더불어 소속 직원이나 제3자로부터 객관적인 피드백을 주기적으로 받는 것이 중요하다. 이를 통해 자신의 잘못된 생각이나 행동을 바꿀 수 있는 거울로 삼았으면 한다. 한편 우리는 누군가로부터 피드백을 받고 또 피드백을 해주곤 한다. 여기서 피드백할 때 주의할 점이 있다.

자기 자랑이나 훈계식으로 피드백하면 곤란하다. 내가 하고 싶은 말보다도 상대방에 진실로 도움이 되는 이야기가 무엇인지 먼저 생각해야 한다.

어찌 보면 이 모든 것이 자기 관리라고 할 수 있다. 코칭에서 자기 관리란 겸손해야 하고 코치 자기 자신의 의견, 자랑, 선호, 방어적 태도, 에고를 내려놓는 것이라고 배웠다. 일상 업무에서도 적용되어야 하는 공감이 가는 이야기다. 결국 자신을 객관화해 보면서 리더십의 황금률인 '내가 대접받고 싶은 대로 상대방을 대접하라'를 겸허히 실천하는 것이 리더의 삶이다. 그러면 주변에 많은 우군이 생기게 되고 자신과 조직의 목표를 이루게 된다.

자신이 자신을 볼 수 있으면 좋지만 볼 수 없기 마련이다. 그러니 이번 주엔 '객관화' 작업으로 자신을 보려고 노력해보자.

생각해 볼 화두

1. 리더로서 자신을 타인에게 노출하기 위해 자신의 신념과 가치관 그리고 조직 운영 철학을 어떻게 표현하고 있는가?
2. 타인으로부터의 피드백은 나를 객관적으로 볼 수 있는 선물인데 어떻게 받고 있는가?

04

나에게 **최고의 질문은** 무엇일까?

모 기업 K임원이 "업무 추진 과정에서 지시하지 않고 질문하려면 어떤 질문이 좋은 질문입니까?"라고 물었다. 필자는 "지금까지 상사에게 받은 질문 중 가장 기억에 남는 질문이 무엇인지요?" 되물었다. 그는 이렇게 대답했다. "제가 어떤 일을 하려 할 때마다 이것을 왜 해야 하는가? 하는 질문이었습니다. 사실 어떤 때는 답변을 못 했던 기억도 있습니다. 그다음 질문은 그럼 어떻게 할 것인가? 하는 것이었습니다."

조직생활 관련 우리에게 큰 시사점을 주는 질문이 있다. 피터 드러커의 '자가진단 프로세스' 다섯 가지 질문이다. 우리가 무엇을 하는지, 왜 그 일을 하는지, 조직의 성과를 위해서 무엇을 해야 하는지를 평가하는 방법이다. 다음과 같다.

- 미션은 무엇인가, 왜 무엇을 위해 존재해야 하는가?
- 고객은 누구인가, 반드시 만족시켜야 할 대상은 누구인가?
- 고객가치는 무엇인가, 그들이 무엇을 가치 있게 생각하는가?
- 결과는 무엇인가, 어떤 결과가 필요하며 그것은 무엇을 의미하는가?
- 계획은 무엇인가, 앞으로 무엇을 어떻게 할 것인가?

　피터 드러커의 '질문'을 통한 자기 발견은 조직과 리더에게 성장을 위한 에너지와 용기를 선사하는 성찰적이고 대담한 여정이다. 그는 이 자가진단이 리더에게 요구되는 첫 번째 활동이라고 강조했다. 당신에게 최고의 질문은 무엇인가?

　필자는 이 다섯 가지 중에서 우선 첫 번째 질문을 강조하고 싶다. 왜냐하면 이 질문이 자신과 조직의 존재 이유이며 이것이 변화를 일으키는 원동력이기 때문이다. 리더의 기본적인 책무 중 하나는 반드시 조직의 모든 사람들이 미션을 알고 이해하며 미션과 함께 조직생활을 하도록 만드는 것이다. 짐 콜린스가 말한 위대한 조직 내에 존재하는 본질적인 긴장감, 즉 지속하려는 관성과 변화하려는 힘 사이의 동적인 상호작용을 파고들기 위해서도 이 미션 질문은 필수적이다.

　피터 드러커는 미션은 간결하고 초점이 분명해야 효과적이라고 했다. 즉 미션은 '티셔츠를 입는 것만큼 쉬워야 한다'는 것이다. 미션은 선언문 형식으로 만들어 모두가 알 수 있게 해야 한다. 예를 들면 미국

걸스카우트 연맹을 이끌었던 프랜시스 헤셀바인은 "우리는 오직 하나의 이유로 이곳에 모였습니다. 여자아이들이 자신들의 잠재력을 최상으로 끌어올리도록 돕는 것입니다."라고 말했다. 명쾌하고 간결하다.

여기서 조직의 미션과 동시에 개인의 미션을 설정하고 이를 조직의 미션과 한 방향으로 정렬을 시켜야 한다. 조직의 목표 달성과 더불어 개인의 삶의 목적과 의미도 중요하기 때문이다. 개인적 미션을 수립할 때 피터 드러커는 이렇게 조언을 주었다.

- 당신 스스로 개인적 미션을 설정하라.
- 미션 달성에 성공할 때 얻게 되는 결과가 당신에게 얼마나 중요한가 생각하라.
- 미션 달성 과정을 당신이 좋아하는 것으로 채워야 한다.
- 당신이 시간을 어떻게 쓰는지를 분석하라. 행복과 의미를 동시에 경험할 수 있는 시간을 최대화하라.

리더십 전문가인 마셜 골드스미스가 피터 드러커를 만나 "당신은 여러 조직들이 자신들만의 미션을 수립하도록 평생 도움을 주었습니다. 그런데 당신의 미션은 무엇입니까?" 물었다. 그가 이렇게 대답했다. "저의 미션은 개인이든 조직이든 자신들의 목표를 달성하도록 돕는 것입니다." 당신도 이처럼 개인적인 미션을 만들어 실천하기를 권한다. 이미 미션이 있더라도 변화하는 환경에서 재점검이 필요하다.

제4차 산업혁명시대 등 우리를 둘러싼 환경이 급변하고 있다. 기술 변화 속도가 매우 빠르고 영향이 깊어서 삶이 되돌릴 수 없을 만큼 변화하는 시기라는 싱귤레러티 Singularity 가 다가오고 있다. 미래학자 레이 커즈와일은 『특이점이 온다』에서 2045년 싱귤레러티가 온다고 했지만 다른 전문가들은 그 시기가 앞당겨질 수 있다고 얘기한다.

이렇게 상황이 변하더라도 여전히 우리의 존재 이유인 '우리 조직의 미션은 무엇인가?' 그리고 '삶에서 나의 미션은 무엇인가?'는 중요하다. 이것은 남 따라 하기가 아닌 우리 조직과 리더 자신을 위해 스스로 만들어야 한다. 최고의 질문이 최고의 성과를 낳는다. 오늘은 당신의 최고 질문에 대해 생각해보자.

생각해 볼 화두

1. 당신은 어떤 질문이 '최고의 질문'이라고 생각하는가? 세 가지만 작성해 보자.
2. 나의 삶과 우리 조직의 미션을 선언해 보자.

05

혹시 인생 멘토가
있는가?

가끔 신입사원 시절이 생각날 때가 있다. 당시 필자에게 영향력을 준 상사 이야기다. 지금도 소중히 간직하고 있다. 포스코에 입사해 처음 배치 받은 곳은 제철 연수원이었다. 80년대 초에는 신입사원 공채 시 수천 명의 지원자가 응모하는 터라 서울 소재 대학을 빌려 필기시험을 치렀다. 시험 감독관이 많이 필요해 포항 본사와 공장에서 도움을 주는 일도 있었다.

첫 번째 내 멘토가 된 상사는 제철 연수원에서 만났다. 일요일 시험 감독을 위해 토요일 근무를 마치고 서울행 고속버스에 탔다. 우연인지는 모르겠지만 바로 옆자리에 연수원장이 앉는 것이 아닌가. 원장 방은 따로 있었고 당시 결재도 상급자들이 들어가는 상황이라 대화할 기회가 거의 없었던 시절이었다. 그런데도 연수원장은 신입사원인 필자에게 다정하게 이야기를 많이 해 주었다.

지금도 기억이 생생하다. "김영헌 씨 신입사원이라고 본인 업무만 해서는 안 돼요. 연수원 전체 업무가 어떻게 돌아가는지 늘 파악하면서 업무를 해야 해요." 그 후 필자는 교무과 업무 이외에도 직업훈련, 정비 훈련, 교수실 등 업무를 익히기 위해 자주 타 사무실을 방문했다. 그 덕에 폭넓게 업무도 익히고 인간관계도 돈독히 할 수 있었다. 나아가 자진해서 직업훈련생 수업도 맡았다. 생각해보면 자신이 하는 일이 전체 속에서 어느 부분인가를 알게 해준 고마운 선배다.

두 번째 멘토는 또 다른 연수원장이다. 당시 계장(지금은 이런 직급이 없어졌다) 시험을 6개월 앞둔 필자를 포함한 직원 2명을 연수원장이 불렀다. 그리고 대뜸 이런 질문을 했다. "지금 우리 연수원에서 가장 중요한 이슈는 무엇인가?" 다소 당황했지만 나름 생각한 바를 소상하게 설명했다. 이렇게 한참 이야기가 이어지고 필자에게는 '대졸 신입사원 교육의 획기적 개선 방안'이라는 과제가 주어졌다.

한 달 정도 기간이 주어졌고 직접 보고하라고 했다. 그래서 국내외 선진기업 교육 사례를 벤치마킹하고, 선배들 조언도 귀담아 들었다. 그 과제 안에는 '이런 교육을 받았으면 좋겠다.' '신입사원 긍지와 자부심을 배양하자.' '최고경영자와 신입사원과의 대화 시간' 등등 당시로선 좀 파격적인 내용을 담았다. 그 후 신입사원 교육이 달라졌다. 지금 하는 일터에서 가장 중요한 이슈는 무엇인가를 항상 생각하게 해준 선배였다.

이러한 과정에서 '포스코 판매 요원'과 '7개 종합상사 요원' 대상 교육과정 기획 운영이란 업무를 맡게 됐다. 그때 특강을 했던 강사는 필자 인생의 세 번째 멘토로 지금도 가끔 만나고 있다. 그분은 직장생활에 귀감이 되는 다양한 이야기를 필자에게 개별적으로 해주었다. 그중 가장 기억에 남는 게 있다. 바로 '건곤병건乾坤竝建'이다. 풀이하면 세상의 이치는 건乾과 곤坤이 나란히 서 있다는 뜻이다. 건은 하늘이고 태양이고 남자요 아버지요, 곤은 땅이고 달이고 여자요 어머니다. 이중 하나만 있다면 우주나 사람이 존재할 수 없다는 이야기다.

쉽게 말해 삶도 힘든 일과 즐거운 일이 항상 나란히 있으니 너무 교만하거나 의기소침하지 말아야 한다는 것이다. 이 이야기는 필자가 후배들에게 이야기해 주는 단골 메뉴 중 하나가 되어버렸다. 일본 경영의 신이라고 불리는 마쓰시다 고노스케 이야기다. 그는 "인생은 어려운 일과 좋은 일을 꼬아놓은 새끼줄과 같다."라는 말을 자주 했다. 즉 처음부터 철저하게 나쁜 일도 철저히 좋은 일도 없다. 이 모든 것은 사실 마음먹기에 달린 것이다.

직장생활을 한 사람이라면 누구나 신입사원 시절 이야기는 있기 마련이다. 이 시절 어떤 상사와 만나는가에 따라 직장생활 질이 달라질

행복한 리더가 끝까지 간다

수도 있다. 당신이 리더라면 후배들에게 귀감이 될 스토리를 이야기해 주었으면 한다. 사소한 이야기일지라도 그것이 후배들에게 소중한 자양분이 될 것이다.

그리고 어떤 위치에 있더라도 사내외에서 멘토 한두 명 정도를 정해서 주기적으로 소통을 했으면 한다. 자신만의 세계에 갇히는 우愚를 볼 수 있게 해 준다. 혹시 당신은 멘토가 있는가? 그런데 멘토는 기다리는 게 아니라 먼저 찾아 나서는 것이다.

생각해 볼 화두

1. 나에게 인생 멘토는 누구이며, 그분으로부터 어떤 영향을 받았는가?
2. 또 다른 멘토를 찾기 위해 어떤 노력을 해야 하는가?

06

소확행과 담대한 목표

만약 지금 새로운 한 해를 시작한다면 조직의 리더로서 어떤 생각이 드는가? 새해 무엇을 하면 좋을까? 회사마다 신년사가 있듯이 경영자이든 팀장이든 조직의 리더는 자신의 신년사가 있어야 한다. 리더로서 어떤 메시지를 던지고 실천할 것인가? 어떤 것이든 조직 공동체와 자신의 인생에 가치 있는 것이라면 그 누구에게도 축하받을 것이다. 이번 기회에 조직 구성원을 진심으로 도와주겠다고 선언하기를 추천한다.

조직 구성원들도 각자 신년계획을 가지고 있을 것이다. 리더로서 그들과 대화하면서 올해 업무적으로 달성해야 할 과제와 자기개발 측면에서 가장 이루고 싶은 것을 물어보고 지원해 주어야 한다. 아마 직원들 입장에서는 소확행 小確幸 과 워라벨 등을 제시할 수도 있고, 사람에 따라서는 담대한 업무나 개인 목표를 이루고 싶다고 할 수도 있다. 여기서 담대하다는 말은 사전적으로 배짱이 두둑하고 용감하다는 뜻이다. 그렇다면 이 둘의 관계를 연결해 줄 수는 없는가?

우선 지난해 자신이 추진한 내용을 먼저 성찰하며 목표를 세워야 한다. 두 단계로 나누어 조직 구성원들에게 질문을 던져보자. 먼저 지난해 자신이 이루고자 했던 것을 얼마나 이루었는지 10점 만점 기준으로 몇 점을 줄 수 있는가? 대략 6~9점이 되지 않을까. 이때 그들이 6점이라고 하면 무엇을 더 보강해야 할 것인가 물어보고, 9점이라고 하면 그 원동력이 무엇이었는지 질문하여 스스로 정리하도록 도와주어야 한다. 이런 방식을 쓰면 리더와 조직 구성원의 관계가 좋아진다. 그다음 올해 가장 이루고 싶은 것을 물어보고 어떻게 도와주면 좋을 것인지 질문한다. 이때 리더는 우리를 둘러싸고 있는 환경과 조직 구성원의 감정을 이해해야 한다.

주요 트렌드와 조직 구성원의 감정을 알아차리는 데 도움이 될 자료를 소개한다. 서울대 김난도 교수가 발표한 『트렌드 코리아 2021』이다. 그는 소띠 해를 고려하여 약자로 COWBOY HERO로 꼽았다. 이 중 첫 번째 브이노믹스(Comming of V-nomics)는 바이러스가 바꿔놓은 그리고 바꾸게 될 경제를 리더로서 이해하는 것이다. 그리고 마지막 휴먼터치(Ontact, Untact, with a Human Touch)는 불가항력의 역병疫病이 발생하고, 첨단 기술은 빛의 속도로 앞서나가며, 트렌드는 숨 가쁘게 바뀌는 어려운 시대에 가장 중요한 것은 진심이 담긴 인간의 손길인 휴먼

터치를 실행하는 것이다. 이처럼 감성과 공감이 필요한 시대에 리더가 어떤 역할을 해야 하는지 알려주고 있다.

또한 인공지능 빅데이터 전문 기업 바이브컴퍼니(前 다음소프트)가 '코로나란 무엇인가?'에 대해 지난 1년 인터넷 게시물 42억 건을 조사 분석한 결과도 도움이 될 것이다. 코로나로 인해 조직 구성원은 어떤 감정인가에 대해 1분기부터 4분기까지 계속 1위는 '힘들다'였고, 2위는 '무섭다'(1분기), '의료진에게 감사하다'(2분기), '일상복귀를 바란다'(3~4분기)였다. 이외에 망하다, 답답하다, 싫다, 불안하다, 지친다, 슬프다 등 부정적인 언어가 대부분이었다. 이는 사회적 현상인 코로나 블루와 연결되어 있다.

작지만 확실한 행복이라는 소확행을 추구하려는 조직 구성원들의 욕구는 존중되어야 할 것이다. 달라이 라마는 우리가 사는 목적은 바로 행복하게 살기 위함이라고 했다. 19세기 폴란드 시인 노르비트는 인생을 행복하게 살려면 세 가지 일이 필요하다고 했다 그것은 먹고사는 일, 의미 있는 일, 재미있는 일이다. 이 세 가지를 어떻게 조화롭게 실천하느냐는 조직 구성원 본인들의 일이지만, 그들이 도움을 요청했을 때 또는 선제적으로 어떻게 도와줄지 리더는 항상 생각하고 있어야 한다.

한편, 담대한 목표를 이루고 싶다는 직원들에게는 다음 두 가지 질문을 해 보면 어떨까? 도움을 위해 각각의 사례도 제시한다. 하나는 당

행복한 리더가 끝까지 간다

신이 3개월 내에 달성하고 싶은 개인 또는 조직 차원의 담대한 목표는 무엇인가? 이에 대해 중견기업 경영자의 대답이다. 그는 자신의 경험을 많은 사람들에게 전달하여 선한 영향력을 끼치고 싶다고 하면서 첫 번째 도전으로 경영자를 위한 교육 프로그램 강연자로 첫 무대에 서겠다고 했다. 얼마나 멋진 도전인가를 알 수 있다.

이어서 3개월 내에 달성할 목표가 이루어진다면 1년 내에는 어떤 10X적인 목표(이는 10% 정도의 향상 목표가 아닌 몇 배 이상의 도전적인 목표)를 달성하고 싶은가? 이에 아트 전문가는 이렇게 이야기했다. 백만 유튜버를 목표로 3개월 동안 유튜브 채널에 1주에 영상 3개씩 30개를 올린 것을 바탕으로 온라인 강좌를 런칭해 아트로 행복을 느낄 수 있는 수강생을 1년 동안 100명 확보한다는 것이다. 이 역시 담대한 목표가 아닌가?

"끝날 때까지 끝난 게 아니다. 어디로 가고 있는지 모른다면 당신은 결국 가고 싶지 않은 곳으로 간다." 전설의 야구 선수이자 감독이었던 요기 베라Yogi Berra 의 말처럼 올바른 목표 설정이 중요하다.

올바르고 담대한 목표를 설정하고 실천하기 위해 인식과 관점의 전환이 필요하다. 수학에서 '컵에 물이 반이 차 있다'와 '컵에 물이 반이 비어 있다' 사이에 차이는 없다 그러나 이 두 문장의 의미는 전혀 다르고 따라서 결과도 철저히 다르다. 왜 그럴까? 반쯤 물이 담긴 컵을

'반이 찬 것'으로 보다가 '반이 빈 것'으로 보는 일반적인 지각^{perception}이 변하면, 거기에 중요한 혁신의 기회가 존재한다. 피터 드러커가 『기업가 정신』에서 강조한 말이다.

소확행의 의미 있는 일을 담대한 목표와 연결하도록 조직 구성원을 도와주기에 앞서서 반드시 리더 자신이 먼저 적용해야 한다. 자신이 직접 해 보고 나서 직원들과 대화한다면 의미를 명확히 전달할 수 있고 울림도 클 것이다. 새해 시무식을 하는 주^{week}가 적기라고 생각하지만 늦었다고 생각하는 때는 없다. 이를 실행하면 연말에 리더 본인과 조직 구성원 모두 성장과 성취의 보람이 있으리라고 본다. '소확행과 담대한 목표' 이 두 마리 토끼는 바로 당신이 잡아야 할 몫이다.

생각해 볼 화두

1. 나는 소확행과 담대한 목표에 대해 어떤 비중으로 생각하고 실천하고 있는가?
2. 나는 어떤 담대한 목표를 가지고 있는가? 그것이 이루어졌다고 생각하면 어떤 느낌인가?

07

조직생활을 디자인하라!

모 임원과 코칭 대화에서 있었던 일이다. "최근 제가 갱년기를 거치는 것 같습니다. 게다가 도전 없이 늙어간다는 생각도 듭니다."라고 말했다. "언제 퇴임하실지는 모르겠지만 직장생활을 하면서 어떤 유산을 남기고 싶으세요?"라고 물었다. 그는 "20~30대 도전정신과 자신감을 다시 일깨워서 소속 직원들에게 롤 모델이 되었으면 합니다."라고 대답했다.

가끔 이야기하는 내용이다. 우리 삶이나 조직생활에서 피할 수 없이 마주치는 것 세 가지가 있다. 우선 대부분 현 직장에서 퇴직한다. 특별히 소수의 창업자나 2, 3세가 아니라면 모두 해당된다. 따라서 우리는 직장생활을 후회 없이 보람 있게 해야 한다. 그리고 누구나 죽는다. 이 또한 '어떻게 살아야 의미가 있는가?'와 밀접한 이야기다. 세상엔 변하지 않는 것이 있고 변하는 것이 있다. 예를 들면 우주의 원리, 자연 법칙, 부모와 자식의 관계 등은 변하지 않을 것이고 그 외 대부분은 변한다. 결국 변화에 적응해야만 살아남고 성장할 수 있다.

다음 두 가지 질문에 스스로 답해 보자. 먼저 "5년 전에 변했다면 지금 무엇이 달라졌을까?" 이에 대해 얼마나 만족하는가? 당신이 만족한다면 성공한 삶이다. 그러나 대부분 아쉬움이 남는 게 현실이다. 이 아쉬움을 달래주는 질문이 있다. "지금 변한다면 5년 후 무엇이 달라질까?" 우리에게 용기와 희망을 주는 질문이다. 우리가 변하려면 직장에서의 삶을 디자인해야 한다.

코칭 철학자 최치영 박사는 우리가 삶을 디자인하지 않으면 디폴트 Default 된 삶을 살게 된다고 강조한다. 우리가 인생의 어느 시점에 있더라도 되새겨야 할 영감을 주는 메시지라고 생각한다. 디폴드된 삶은 환경이나 상황에 떠밀려 삶이 굴러가는 것이기 때문에 의미 있는 삶이 아니다. 디폴트의 어원은 프랑스어 Defaillir 실패하다 에서 왔다. 디폴트가 아닌 디자인하는 삶은 미래 가치를 창조하고 행복을 가져온다. 이는 전적으로 자신의 선택에 달려 있다.

삶을 디자인하려면 자신의 목적을 스스로 설정해야 한다. 즉 조직 내에서 당신이 하는 일을 당신의 소명으로 리프레임 Reframe 하는 일이다. 우리에게 잘 알려진 '목적 선언문'의 예를 소개한다. Facebook의 마크 저커버그는 "사람들에게 지역사회를 구축할 수 있는 능력을 제공하고, 세계가 더 가까워지도록 한다. Give people the power to build community and bring the world closer together " BTS는 "사람들이 자신을 사랑하고 즐길 수 있도록 음악을 제공한다."라고 했다.

이러한 '목적 선언문'은 유명인사의 전유물은 아니다. 누구나 자신의 삶과 조직의 존재 목적에 따라 선택할 수 있다. 예를 들면 '나는 임원으로서 조직성과 혁신에 몰입한다.'를 '나는 구성원들이 스스로 동기 부여 되어 성장하고 조직성과도 달성하도록 헌신한다.'라고 하면 어떨까? '나는 샐러드 카페에서 종업원으로 일하고 있다.'를 '나는 사람들이 건강을 통해 행복한 삶을 살 수 있도록 돕는다.'라고 '나는 여행 가이드로 열심히 일하고 있다.'를 '나는 많은 사람들이 세계를 보고, 즐기고, 감동하게 하여 그들의 삶을 보람되게 한다.'라고 하면 좋지 않을까.

목적 선언문은 우리가 가야 할 방향성을 알려주는 라이프 지도 Map 가 되어준다. 우리가 디자인한 이 목적을 달성하는 과정에서 조직생활이 즐거우면 일에 몰입하게 될 것이다. 그 결과 자신이 성장하고 조직성과도 따라오게 될 것이다. 이는 스티븐 코비가 이야기한 성공하는 사람들의 7가지 습관에서 첫째, 자신의 삶을 주도하라와 둘째, 끝을 생각하며 시작하라와 일맥상통한 이야기로 성공의 디딤돌이 될 것이다.

우리는 자기 삶의 주인공으로서 삶을 디자인해야 한다. 당신이 리더라면 먼저 솔선수범하여 자신의 삶을 목적에 기인하여 디자인하고 소속 직원과 공유해야 한다. 그다음 그들도 디자인할 수 있도록 환경을 만들어 주면 금상첨화다. 이렇게 소속 직원들과 함께 디자인하고 실천하면 그 공동체는 지속적으로 성장하고 행복이란 열매를 맛볼 수 있을 것이다. 이것 역시 뿌린 대로 거두기 마련이다.

생각해 볼 화두

1. 당신의 '목적 선언문'은 무엇인가?
2. 내가 만약 지금 변한다면 5년 후 무엇이 달라지는가?

행복한 리더가 끝까지 간다

08

성패는 사람과
일에 대한 본질 파악에 달려있다!

경영학이란 조직의 목적을 달성하기 위해 경영 활동을 어떻게 수행하고 관리해야 하는지를 합리적이고 체계적으로 정리한 지식체계라고 할 수 있다. Fayol은 경영 활동을 계획-조직화-지휘-조정-통제라고 정의하였다. 이 다섯 가지 기능은 사이클로 순환한다. 경영학은 이론적 학문이면서 동시에 실천적 학문이며 과학과 기술의 특성도 함께 지니고 있는 학문이다. 이러한 경영학이 '인문학'일까?

동양에서 올바른 인간이 되기 위한 학문으로 문학, 역사, 철학을 인문학(소위 文史哲)이라 했다. 서양에서 인문학이란 말은 자유시민이 익혀야 할 일곱 가지 기본 학문의 개념에서 파생했다. 라틴어 '아르테스 리베랄레스artes liberals'의 어원은 그리스어이지만 키케로를 비롯한 로마인들은 이 말을 기원전 1세기 초 무렵부터 사용했다. 당시 문법, 수사학, 논리학, 대수학, 기하학, 음악, 천문학의 일곱 가지 학문이었다. 이는 당시에 사회 지배계층이고 공부할 시간과 재산이 있는 최상류층에 속한 시민이 연마하는 학문이었다.

마시아리엘로 교수는 인문 교육에서 절대적으로 유지되는 교과목은 존재하지 않지만 사회가 합의하는 가치나 문화적 신념을 심어주고자 노력한다는 점은 시대를 불문한다고 하였다. 가치와 신념 자체는 시대에 따라 변하지만 전체 목표는 변하지 않는다. 결국 고대의 아르테스 리베랄레스와 이후 인문 교육은 사회에 맞는 선善과 옳음, 정의가 무엇인지 규명하고자 하는 것이다.

따라서 이상적인 아르테스 리베랄레스 교육이 되려면 기본적인 품행과 인격을 길러주고 좋은 책들을 습득시켜주며 사회적 가치와 규범을 존중하는 태도를 심어주고 진실을 평가하는 능력을 키워 줄 수 있어야 한다. 피터 드러커는 그리스 로마 문명에서 전승된 자유시민의 기본적인 인문학 전통과 오늘날 실용적이고 영리적인 조직 운영을 결합하고자 했다.

경영을 인문학으로 바라보는 개념은 피터 드러커 저서에서 처음 등장했다. 그는 "경영은 그 자체로 인문학이다. 그래야만 한다. 기법(기술)만으로는 경영이 될 수 없다."(1988년) 이어서 "경영학은 전통적으로 인문학이라고 칭하는 분야에 속한다. 지식과 자기이해, 지혜, 리더십의 근본을 다룬다는 점에서 인문liberal, 자유이며, 실천이자 응용을 다룬다는 점에서 학문arts이다. 경영자는 인문학만이 아니라 심리학과 철학, 경제학과 역사, 물리학과 윤리학 등 사회과학의 모든 지식과 통찰력을 활용해야 한다."(1989)

필자는 경영의 성패는 경영자가 사람과 일의 본질을 얼마나 잘 파악하느냐에 달려있다고 생각한다. 서강대 노부호 교수는 한국 경영의 문제점으로 권위주의를 들고 있다. 그는 사람과 일에 대한 인식을 바꾸어야 한다고 주장한다. 그는 우리 직장은 행복한가 그리고 기업은 무엇을 위해 존재하는가 하는 질문으로부터 출발하여 제3의 경영을 제시했다. 인간은 행복을 추구하는데 행복은 일을 통한 자아실현이다. 자아실현은 조직이 공동체가 될 때 가능하다. 공동체는 리더십 비전, 문화, 자율성을 통해 의식개혁을 이루어야 한다고 역설했다.

카츠 Katz 가 제시한 경영자의 능력이 있다. 개념화 능력 Conceptual skill , 인간관계 능력 Human skill , 전문기술 능력 Technical skill 인데 이는 경영자, 중간 관리자, 하급 관리자에 따라 각각 요구되는 비중이 다르다고 그는 강조했다. 한편 노부호 교수는 여기에 사고 철학 능력 Philosophical skill 을 추가했다. 이는 "우리는 왜 사는가? 경영이란 무엇인가?"와 같은 근본적인 질문을 던지고 깊이 있게 생각함으로써 삶의 가치와 철학을 정립하고 조직을 하나의 공동체로 만들어야 한다는 것이다.

한국코치협회 김재우 회장은 경영자와 조직 구성원들에게 사람과 일의 본질을 파악하고 추구하는 데 코칭적 질문을 주문한다. 그는 사람을 도구로 인식하지 말고 존재로 인식해야 하다고 얘기한다. 질문을 통해 존재로서의 관점 전환과 사고 확장이 이루어져 선택지를 넓혀 주는 것이 필요하다고 강조한다. 필자는 서양의 소크라테스, 동양의 공자 등이 강조한 인문학적 통찰을 경영에 활용하는 지혜가 제4차 산업혁명 시대 더욱 요구되고 있다고 본다. 또한 기업의 사회적 책임이 강조되고 윤리 경영이 요구되는 시대적 상황에 이러한 인문학적 성찰은 필수가 되었다고 생각한다.

회사의 일, 즉 업業의 본질은 무엇인가? 사람의 행복이란 무엇인가? 선善과 정의正義는 무엇인가? 등을 화두로 삼아야 한다. "만일 소크라테스와 점심 식사를 할 수 있다면 우리 회사가 가진 모든 기술을 그와 바꾸겠다."라고 이야기한 스티브 잡스의 속뜻을 경영자는 헤아려야 할 것이다.

생각해 볼 화두

1. 경영자에게 요구되는 사고 철학 능력(Philosophical skill)과 관련하여 자신만의 철학은 무엇인가?
2. 인문학의 관점에서 동서양의 공통점과 차이점은 무엇이라고 생각하는가?

행복한 리더가 끝까지 간다

09

당신이 목표를 달성하려면

"해마다 목표는 의욕적으로 잘 세웠는데 이를 달성하려면 어떤 비결이 있는지요? 매년 연말이 되면 늘 미흡한 느낌이 들고 후회가 됩니다." 모 임원의 이야기다. 또 그는 "업무가 많아 늘 퇴근 무렵에는 몸이 지치는데 좋은 방법이 없을까요?"라면서 하소연했다. 직장인들의 공통적인 고민이 아닐 수 없다. 자신이 세운 목표를 달성하려면 무엇에 신경을 쓰고 어떻게 관리해야 할까.

피터 드러커가 처음 제시한 MBO Management by Objective 가 되었든 인텔의 전 CEO 앤디 그로브가 제시한 OKR Objective and Key Result 이 되었든 이번 기회에 나의 목표가 어떤 종류의 목표인지 살펴볼 필요가 있다. 통상 목표는 시기, 실현 모습, 전체와 부문 등에 따라 다양할 수 있으나 다음 네 가지 관점에서 자신의 목표를 점검해 보기를 권한다.

자신이 세운 올해의 목표가 연말에 실현된 상태나 모습의 이미지를 나타내는 의미 목표인지, 숫자로 나타나는 성과 목표인지, 목표 달성 과정에서 실천해야 할 행동 목표인지 아니면 무엇을 해낼 수 있도록 하는 지식, 기술 태도 등을 포함하는 역량 목표인지 성찰할 필요가 있다. 어떤 목표냐에 따라 효과적인 방법론도 달라질 수 있다.

그러나 어떤 목표든 필자가 강조하고 싶은 목표 달성 과정에서 공통적인 비결은 C-TEB이다. 여기서 이해관계자와 협업 Collaboration 이 필요하고, 자신에게는 시간 관리 Time management, 감정 관리 Emotion management, 신체 관리 Body management 가 요구된다.

첫째, 협업이다.

조직에서 추구하는 목표이든, 개인적인 목표이든 자신을 둘러싼 상사, 부하, 동료, 고객뿐만 아니라 가족, 친구, 멘토 등 이해관계자와의 협업이 뒷받침되어야 자신의 목표를 달성할 수 있다. 협업에서 가장 중요한 것은 신뢰를 바탕으로 하는 커뮤니케이션 능력이다. 자신이 무엇을 얻고자 하는지 이해관계자들과 진솔하게 소통해야 한다. 그 과정에서 자신이 추구하는 목표가 상대방에게도 어떤 도움이 되는지 상호 인식해야 한다. 윈-윈의 모델을 구축하고 실천함으로써 자신이 실현하고자 하는 목표를 달성해 가야 한다. 혼자서는 힘들고 더디다.

행복한 리더가 끝까지 간다

둘째, 시간 관리다.

자신이 세운 목표에 대한 경중완급^{輕重緩急} 기준을 스스로 정하고 실행해야 한다. 상황에 따라 재점검하면서 적기에 의사결정을 해야 한다. 또한 Deadline 효과를 위해 사전에 마감시간을 정해 추진해야 한다. 한편 자신의 스케줄에 의도적으로 빈칸을 만들어 예기치 못한 상황에 대응해야 한다. 그리고 목표 성취 방법으로 브라이언 트레이시가 제시한 '코끼리 먹는 방법'("한 번에 한 입씩")도 상기해 보면 좋겠다.

셋째, 감정 관리다.

목표를 달성하기 위해 추진하는 과정에 본의 아니게 상황, 일의 순서, 시간 등으로 스트레스를 받게 된다. 특히 목표를 달성하는 과정에서 자신에게 영향력을 미치는 이해관계자와의 갈등은 더욱 스트레스 요인이 된다. 이때 이러한 스트레스를 어떻게 해소하고 자신의 감정을 관리하느냐가 관건이다. 상대방이 있어 내가 있다는 긍정적인 마인드와 매사에 감사하는 마음을 갖는다면 마음에 평화가 깃들 것이다.

넷째, 신체 관리다.

몸이 아프면 마음도 아프고, 몸의 컨디션이 좋으면 마음도 즐겁고 활기차다. 신체와 정신은 동기화되어 있다. 등산 격언에 따르면 정상에 오를 때 적어도 하산에 필요한 30% 체력은 남겨놓으라는 말이 있다. 왜일까? 정상에 오르기 전 체력이 고갈되면 하산길이 안전하지 않기 때문이다. 업무에 있어서도 늘 신체적 정상 컨디션이 중요하다. 따라서 직장생활에서 자신만의 올바른 건강관리 습관을 만들고 지키는 것은 필수적이다.

자신이 세운 신년 목표를 연말에 달성하려면 어떤 형태로든 그것을 자주 상기하면 효과적이다. 우리는 날마다 같은 시각으로 세상을 바라보고 있다고 생각하지만, "빨간색 물건이 몇 개입니까?"라는 질문을 미리 받은 날과 받지 않은 날은 분명히 다르다. 이 질문을 미리 받은 날에는 평소와 달리 빨간색 물건이 저절로 눈에 들어온다. 왜 그럴까? 그것은 '목표의식' 때문이다. 심리학자들은 이를 컬러 배스 효과Color bath effect 라고 한다. 사람들은 어떤 목표를 인식하면 관련된 정보를 이전보다 더 잘 인식하게 되고 목표 달성을 위한 긍정적 아이디어도 스스로 내고 실천하게 된다. 평범함이 특별함을 창조하는 것이다.

피터 드러커는 "리더의 목표 달성 능력은 성취와 자아실현의 필수 요건이다."라고 강조했다. 이제 자신의 목표를 상기하고 성찰하며, 목표를 달성하는 비결인 'C-TEB'를 자신에게 맞게 처방해보았으면 한다.

생각해 볼 화두

1. 나는 리더로서 C-TEB를 어떻게 실천하고 있는가?
2. 시간 관리, 감정 관리, 신체 관리 중 당신은 어떤 순서로 중요도를 설정하는가? 그 이유는?

10

인생 청사진과 조직생활의 **조화**

경영대학원 수업에서 '조직에서 가장 이루고 싶은 것은 무엇인가?' 라는 주제로 토의를 했다. 가장 이루고 싶은 것을 하나의 키워드로 제시하고 그렇게 생각하는 이유도 설명하도록 했다. 자신의 생각과 다른 사람의 생각이 얼마나 같고 다른지 알아보는 계기가 되었다. 무엇보다도 많이 언급된 것은 '워라밸'이었고 이유도 다양했다. 몇 가지를 소개하면 다음과 같다.

- 조직 구성원의 삶의 만족도가 곧 업무 만족도로 이어진다고 생각한다.
- 과거에는 승진, 성취 등이 가장 중요한 가치로 여겨졌지만, 최근에는 사회 환경이 변하고 조직을 구성하는 주력 세대가 바뀌면서 결과보다는 과정을 더 중시하게 되었다.
- 코로나 이후 재택근무, 시차출퇴근제 등의 효율성을 알게 되었고 워라밸

을 더욱 즐기고 싶다.

- 구성원 개인을 존중해주는 조직문화를 요구한다. 그러면 일하는 과정에서 만족과 행복을 이룰 수 있다고 생각한다.

- 성장이다. 급여도 중요하지만 스스로 비전을 설정하고 회사와 같이 성장해야 한다. 그러면 '내가 곧 기업이다'라는 자부심을 갖고 일할 수 있다.

- 역량개발이다. 결국 기업은 조직으로, 조직은 구성원으로 되어 있는 하나의 공동체이기 때문에 기업이 목표를 달성하는 데 구성원의 역량이 핵심 요소이기 때문이다.

- 조직 내에서 핵심인재가 되고자 한다.

- 휴머니즘에 입각한 대인관계이다. 조직 내에서 나를 제외한 다른 조직원들에게 내가 필요한 존재라는 것을 인정받고 싶다.

- 자신의 욕구 존중 및 가치 추구다. 이것이 이루어지지 않으면 이직을 할 것이다.

한편 회사가 있어야 자신도 존재하므로 회사의 생존, 경영의 지속 가능성, 성과 창출, 경영혁신, 이익 창출, 미래 예측과 이에 따른 변화, 경쟁력 제고, 리스크 관리, 사회적 가치 제고 등에 관심을 갖고 있는 CEO의 정책과 전략에 적극 부응하겠다고 했다. 건전한 사고방식을 가진 조직 구성원의 면모를 볼 수 있었다.

이 과정에서 조직 구성원은 자신의 현재 인생과 조직생활의 조화를 이루어야 한다. 필자는 임원, 팀장 등 리더를 코칭할 때 현재 인생 청사진을 먼저 그려보라고 한다. 왜냐하면 인생 속에 조직생활이 담겨 있기 때문이다. 이때 인생 그림을 구성하는 10가지 주제를 주문한다. 그러면 너무 많다고 하거나 적다고 하는 경우도 있다. 많으면 10가지로 압축 정리해 보라고 하고, 적다고 하면 관점을 넓혀 더 찾아보게 한다. 이것이 코칭 대화의 주제가 된다.

A 임원의 인생 청사진

① 경영자로서 코치형 리더 되기

② 프로페셔널한 영어 프리젠터

③ Design Thinking Project 성공적 완수

④ 부하 직원 업무 능력 개발로 미래 인재 육성

⑤ 집사람, 자녀와 여가 생활 즐기기

⑥ 은퇴 전 현금 및 자산 최소 5억 만들기

⑦ 인생의 멘토에게 삶의 지혜 구하기

B 임원의 인생 청사진

① 사업 콘텐츠 기반 성과 창출

② 인생 공유 지인 그룹 형성 및 유지

③ 자기주도 학습을 통한 일생의 성장 실현

④ 가족을 위한 사랑과 헌신

⑤ 신앙인으로서 책무와 역할 다하기

⑥ 요리 배우기

앞선 두 사례를 보고 여러분의 주제와 비교해 어떤 생각이 드는가? 조직인들은 대개 조직에서의 성장과 성공 그리고 자기 자신의 보람과 가족의 행복을 꿈꾸고 실현하고자 함을 알 수 있다. 그러나 누구나 자신부터 행복해야 함께 일하는 조직 구성원과 행복해질 수 있다. 따라서 리더로서 먼저 자신이 이루고자 하는 것을 글로 표현해 보고 조직 구성원과 공유하고 도움을 받아야 한다. 이와 병행하여 조직 구성원들이 이루고 싶은 것을 진솔하게 들어주고, 서포팅해 주면 상호 신뢰와 소통의 조직문화가 이루어질 것이다. 실리콘밸리의 위대한 코치 빌 캠벨이 리더에게 강조한 조언이 도움이 될 것이다.

- 사람들은 스스로에게 솔직하고 회사에서 자신의 정체성을 온전하게 드러낼 수 있을 때 조직은 가장 효율적이 된다.
- 감정을 우선시하라. 리더가 사람을 더 잘 알고 아끼게 되면 조직은 효과적으로 변한다.
- 코칭할 만한 사람들을 코칭하라. 그들의 특징은 솔직함과 겸손함, 근면함과 꾸준함 그리고 배움에 대한 지속적인 의지이다.
- 정답을 가르치려고 하지 마라. 맥락을 알려주고 최선의 선택을 내릴 수 있도록 옆에서 도와 줘라.
- 사람들과 그들의 성공을 주변사람에게 알리고 드럼 박수를 치듯이 응원하라.

과거 산업화 시대는 직장이 곧 인생이고, 인생이 곧 직장이라고 생각했던 사람들이 있었다. 지금은 시대 환경과 조직 구성원들의 인식이 바뀌었다. 어려운 상황에서도 이루고 싶은 꿈이 있으면 희망과 열정이 생긴다. 리더로서 조직 내에서 그 꿈을 서로 공유하고 지원해주는 모습을 보인다면 그 조직은 생기가 있고 분명 행복한 공동체가 될 것이다.

생각해 볼 화두

1. 당신이 조직에서 가장 이루고 싶은 것은 무엇인가?
2. 우리 조직의 구성원들이 가장 이루고 싶어 하는 것을 리더인 나는 어떻게 알고 있는가?

2장

나의 성장을
도와주는
경영시스템을
구축하라

01

코로나 이후
리더십은 어떻게 변했나?

지금 우리 기업을 둘러싸고 있는 환경을 묘사해 보라고 한다면 어떻게 이야기할 수 있을까? 전문가마다 생각이 다를 것이다. 그러나 전문가로서 최상의 이야기이므로 열린 마음으로 들었으면 한다. 우리 사회에 전문가가 많다는 점에서 미래가 밝다고 할 수 있다. 물론 모두 정답이라 할 순 없지만 각자 해법이므로 중지衆志를 모으는 것이 필요하다.

필자는 다음 3가지를 제시하고 싶다. 이미 우리 곁에 와 있는 제4차 산업혁명시대, 밀레니얼과 Z세대가 조직의 중추가 되어가는 시대, 그리고 최근 코로나 상황에 따른 언택트 시대라고 할 수 있다. 어찌 보면 이 3가지는 상호 맞물려 있다. 왜냐하면 언택트 시대 DT Digital Transformation 가 이미 중요한 솔루션으로 일하는 방식이 되었고, 조직의 성과를 극대화하기 위한 밀레니얼과 Z세대와 진솔한 소통 또한 더 요구되고 있기 때문이다.

코로나가 조직에 어떤 변화를 가져다주었는가? 우선 건강과 보건에 대한 관심이 높아지며 사회적 거리두기와 단절을 가져왔다. 직장에서는 화상회의, 유연근무제, 재택근무 등으로 이어졌다. 혹시라도 근무하는 건물에 확진자가 1명이라도 나오면 비상이다. 따라서 모든 기업에서 확진자가 나오지 않도록 만반의 준비를 하고 있다. 한편 단절이 가져온 인적, 물적 영향 등으로 경기가 침체되어 위기감이 돌고 있는 상황이다.

미래학자 최윤식은 『빅 체인지 코로나19 이후 미래 시나리오』에서 코로나 이후 변하지 않는 것과 변하는 것이 무엇인지 분석하고 예측했다. 그가 변하지 않는 것으로 가장 먼저 떠올린 것은 "결국 경제가 이긴다." 바로 이 말이었다. 그는 1~2년 동안 일어날 수 있는 단기 질서 변화는 시간이 지나면서 제자리로 돌아올 수 있다고 했다. 그러나 3년 이상 중장기적 흐름에 변화를 일으킬 힘이나 이슈는 오랫동안 우리 삶의 주변에 맴돌 것이라고 했다.

그는 코로나 19에서 배운 교훈으로 6가지를 제시했다.

첫째, 위기는 누구도 피해가지 않는다.
둘째, 위기를 극복하려면 투명성이 중요하다.

셋째, 위기는 초기 대응이 가장 중요하다.

넷째, 위기는 전방위 대응이 그다음으로 중요하다.

다섯째, 위기를 빨리 극복하면 기회로 바뀐다.

여섯째, 위기 속 기회에도 위기는 숨어 있다.

사람들은 코로나 이전과 이후를 나누기도 하지만 이제는 With Corona 시대가 된 느낌이다. 그렇다면 리더로서 코로나 이전과 이후 무엇이 달라졌나? 언택트 시대 조직 내에서 나의 리더십은 어떻게 변해야 할까? 필자는 다음 3가지가 요구된다고 보고 리더들이 스스로 생각해 볼 수 있도록 화두를 던지고 싶다.

첫째, 신뢰와 소통의 리더십이다.

조직 구성원의 잠재력을 믿고 그들을 존중해 주면서 상호 신뢰의 바탕 위에 소통을 해야 한다. 과연 나는 리더로서 조직 구성원의 조직 몰입과 직무만족에 얼마나 신뢰를 주고 있는가? 신뢰를 받기 위해 나는 리더로서 어떻게 변해야 하는가? 나는 조직 구성원의 성장과 행복을 위해 헌신하는가? 나는 조직 구성원들과 쌍방향 소통을 하고 있는가? 비대면 시대 동기부여 방법은 어떻게 달라져야 하는가? 언택트 시대 휴머니티 Humanity가 더 요구되는 시점에 자문해 볼 대목이다.

둘째, 전략적 리더십이다.

어려운 시기일수록 조직의 목표를 분명히 제시하고 선택과 집중을 하고 있는지 점검해야 한다. 우리 조직은 공동의 목표를 공유하고 실천하고 있는가? 우리는 험난한 상황 속에서 같은 배를 타고 있다고 생각하고 있는가? 비대면 근무 환경에서도 협업과 성과관리는 잘 이루어지고 있는가? 리더와 직원이 생각하는 업무의 결과물은 명확하고 같은가? 조직문화에 걸맞은 전략을 수립하고 실행하는 과정에서 참여와 선순환적인 피드백이 요구되고 있다.

셋째, 위기관리 리더십이다.

위기를 기회로 만들고 또 이 기회 속에 위기가 있지는 않은지 살펴봐야 한다. 우리 조직의 한계돌파 역량은 과연 어느 정도인가? 생존을 위해 무엇이 필요한지 끊임없이 고민하고 있는가? 우리 조직의 위기대응 컨트롤타워는 효과적으로 작동되고 있는가? 위기를 돌파하기 위해 누구와 협력하고 있는가? 위기관리를 위한 리더로서 결단력 수준은 어느 정도인가? 우리 조직은 이기는 게임을 위해 Agility를 어느 정도 실행하고 있는가? 리더로서 위기극복 모습을 보여줘야 한다.

리더십은 상황과 타이밍에 맞게 발휘되어야 효과가 있다. 코로나 이후 시대에 조직의 생존과 목표달성 그리고 조직 구성원의 마음을 얻고 그들의 성장과 행복을 위해 상기 3가지 리더십은 서로 맞물려 있다고 본다. 긍정적인 마인드로 균형감 있게 실행하되 상황에 따라 부드러움과 강함의 조화도 요구된다. 어찌 보면 지금은 조직 구성원 모두가 한마음으로 파부침주破釜沈舟의 각오로 임했으면 한다. 그리하여 코로나 시대, 어렵지만 발상의 전환으로 새로운 기회를 만들어 보면 어떨까?

생각해 볼 화두

1. 당신이 생각하는 코로나 이후 리더십은 무엇인가?

2. 코로나가 위기와 기회를 동시에 주었다면 당신에게 기회 요인은 무엇인가?

02

포스코의 **창업 정신**과 박태준 회장의 **리더십**

기업이 성장하면 그에 따라 조직과 체계가 복잡해진다. 이 복잡성은 기업이 성장하는 데 기여하지만 어느 시기에 이르면 소리 없이 성장을 죽이는 요인이 된다. 이것을 '성장의 역설'이라고 한다. 크리스 주크는 성장의 역설 관련 나타나는 세 가지 위기를 제시했다.

- 사업 규모 확장에 따른 과부하
- 기업 사명이 흐릿해지며 나타나는 속도 저하
- 성공 원인이었던 사업 모델의 경쟁력 자유 낙하

그는 이 모두가 예측 가능한 위기인데 '창업자 정신'으로 회복해야 한다고 한다. 창업자 정신은 반역적 사명의식, 현장 중시, 주인의식으로 구성되어 있다. 창업자 정신 하면 떠오르는 이가 있다. 바로 포스코 창업자 박태준 회장이다. 창업 당시 자본도 기술도 인력도 없는 상황에서 박태준 회장은 '제철보국'이라는 경영이념 아래 포스코의 기반을 만들었다. 제철보국이란 "철강은 산업의 쌀이다. 싸고 품질 좋은 철을 만들어 나라를 부강하게 한다."라는 의미다.

4월 1일은 포스코 창립일이다. 필자에게 가장 기억에 남는 것은 포스코 창업정신과 창업자 박태준회장 리더십이다. 50년 전 철강 불모지였던 우리나라에 "철강은 국력"이란 의지를 갖고 출범했지만 시작은 순탄치 않았다. 당초 자금을 공급하기로 한 대한국제제철차관단 ^{KISA} 은 "한국 종합제철소 프로젝트는 경제적 타당성이 희박하다."라는 IBRD 보고서에 따라 자금계획을 철회했다.

이에 따라 박태준 회장은 소위 '하와이 구상'으로 알려진 대일 청구권자금으로 자본금을 마련하고 사명감, 도전의식, 협동정신 등 3대 정신으로 초기 어려움을 극복했다.

첫째, 사명감이다. '우향우정신'이란 유명한 말이 있다. 조상의 피와 땀으로 만들어야 하는 제철소를 제대로 만들지 못하면 우향우 해서 영일만에 빠져 죽을 각오로 열과 성을 다하자는 것이다. **둘째, 도전의식이다.** 지금도 포항제철소 정문에 있는 "자원은 유한 창의는 무한"이라는 표현처럼 무에서 유를 창조하는 것이다. **셋째, 협동정신이다.** 이는 자주와 공동체 의식이다. 가령 70년대 추석휴가를 반납하고 합동 차례를 지낸 후 곧 건설과 조업을 한 것들이다.

1977년 4월 24일 새벽 포스코 사상 최악의 사고가 발생했다. 제1 제강 공장에서 크레인 기사가 졸다가 그만 쇳물을 바닥에 엎질렀다. 용암처럼 펄펄 끓는 쇳물 44톤을 쏟아버린 사고이다. 다행히 인명피해는 없었다. 가장 심각한 피해는 공장의 신경계라 할 수 있는 제강공장 지하에 매설된 케이블이 70%나 훼손된 것이다. 긴급 파견된 일본인 기술자들이 완전복구에는 3개월 내지 4개월이 걸릴 것이라고 했다. 그러나 포스코인들은 완전 복구 1개월이란 비상목표를 내걸고 이를 사명감으로 달성했다. 창업자 정신이 강조하는 '사명의식'과 '인간존중' 사례다.

사고 당시 해외 출장 중에 급거 귀국한 박태준 회장은 가장 먼저 사고를 낸 크레인 운전공의 집을 찾아갔다. 크레인 운전공이 혼자 힘으로 대가족을 부양하기 힘들어 잠을 자야 하는 교대시간에도 다른 일을 많이 해야 한다는 사연을 듣게 됐다. 결국 사고 원인은 수면 부족이었다. 그것이 박태준 회장의 마음을 아프게 했다. "이 일은 내가 책임진다. 너는 열심히 일만 하면 된다."라고 직원을 위로했다. 바로 창업자 정신의 하나인 '현장 중시'도 '인간 존중'의 기본 중의 기본이다.

그 어느 때보다 우리네 기업들의 성장이 절실할 때다. 이럴 때일수록 '창업자 정신'으로 재도약을 위한 실마리를 찾았으면 한다. 아마존의 제프 베조스가 20년째 주주에게 보낸 편지에 "오늘을 첫날처럼 살았다. 아마존에 '둘째 날'은 없다."라고 한 말을 음미해 보았으면 한다.

생각해 볼 화두

1. 우리 회사의 창업자 정신은 무엇인가?

2. 아마존의 제프 베조스가 "오늘을 첫날처럼 살았다."라고 한 말은 나에게 어떤 의미가 있을까?

03

당신 조직의 '그라운드 룰'은?

A 팀장에게 조직 운영의 그라운드 룰ground rule 이 있느냐고 물었다. 새로운 업무를 맡은 신임 팀장인 그는 "그라운드 룰이 필요한가요?" 반문했다. 보통 회의나 워크숍을 할 때도 효율적으로 진행하기 위해 그라운드 룰이 필요하다. 하물며 리더로서 조직운영을 함에 있어 조직 구성원과 합의하여 모두 지켜야 할 규칙을 공유하는 것은 아주 소중하다.

그라운드 룰이란 사전적 의미로는 경기장의 사정에 따라 정식 경기 규정을 적용할 수 없는 경우에 임시적으로 정하는 경기 규정이다. 조직에서는 리더와 조직 구성원이 함께 지켜야 하는 기본 규칙을 말한다. 그렇다면 이런 규칙이 있는 것과 없는 것은 그 결과가 어떻게 다를까? 또한 묵시적으로 있는데 명시적으로 정해져 있지 않다면 얼마나 잘 지켜질까?

A 팀장은 이번 기회에 새로운 조직 구성원 15명과 함께 다음과 같이 그라운드 룰을 만들었다.

- 매일 아침 먼저 보는 사람이 큰 소리로 인사한다.
- 근무 상황 관련 휴가, 조퇴 등은 개인의 자율이지만 그 일정은 팀과 공유한다.
- 팀 내 모든 회의는 한 시간 이내에 마친다.
- 퇴근 후 업무 지시를 하지 않는다.
- 한 달에 한 번 그 달의 생일자 축하 파티를 통해 소속감을 재고한다.(A 팀장은 생일 케이크 등은 회사 경비가 아닌 자비라고 필자에게 귀띔했다.)
- 매주 수요일 오후 개인 면담 시간을 갖는다.
- 애로사항이나 건의사항이 있으면 팀장에게 이야기하고, 팀장은 진행사항을 피드백한다.
   ⇨ 조직 분위기를 부드러우면서도 활기차게 하려는 의지가 느껴졌다.

B 임원은 프로젝트 업무를 맡고 있다. 그는 자신이 맡은 T/F팀의 구성원들에게 "우리 팀은 어떻게 일하고 싶은가?"라고 묻고 이를 정리했다.

- 우리는 Right Thing을 Right Way로 한다.
- 목표와 포부를 크게 가진다.(200을 원할 때 100 이상을 달성할 수 있다.)
- 우리는 목표달성을 위해 자유롭게 의사를 표현한다.

- 불가능한 것은 없다. 우리는 Risk를 Taking한다.

- 과거는 Lesson Learned되어야지 미래를 막는 장애물은 아니다.

- 각자 맡은 역할이 힘들거나 싫거나 동의할 수 없는 팀원이 있다면 기꺼이 내려준다.

  ⇨ 업무 특성상 매우 도전적인 모습이 아닐 수 없다.

C 부장은 구성원과 이렇게 합의하였다.

- 월말 마감 업무는 우선순위 최상위 업무다.

- 업무 관련 최신 이슈는 SNS를 통해 신속하게 공유한다.

- 대외 업무 시 의사결정을 할 수 있는 키맨과 소통한다.

- 회사 활동 시 비용은 적절하게 사용한다.

- 출퇴근은 유연근무제이지만 상호 합의한 업무 기한은 맞춘다.

- 타 팀에서 도움을 요청하면 서로 협력하여 대응한다.

- 한 달에 한 번 팀 내 회식을 한다.

  ⇨ 대외 업무 특성이 반영되었고 시너지 제고를 위한 노력이 돋보인다.

그라운드 룰을 만들 때 필요한 세 가지 팁을 소개한다. **첫째, 회사 차원의 미션과 비전, 핵심가치와 한 방향 정렬이 된 운영 기조에 조직의 업무와 조직 구성원의 특성을 감안, 시너지를 통해 성과를 극대화하는 방향으로 정리하여야 한다.** 이 과정에서 조직 구성원 개개인의 장점도 살리고 그라운드 룰이 소통의 통로가 되도록 해야 한다.

한편, 조직이 처해 있는 상황이 바뀌면 그라운드 룰도 변경해야 한다. 여름이 지나 겨울이 왔는데도 따뜻한 옷을 입지 않으면 감기에 걸린다. 예를 들면 예기치 못한 코로나 상황에 재택근무가 불가피하여 실행부터 하였는데 업무 성과 측정 방법 등을 명료하게 합의하지 않아 리더와 구성원 간 동상이몽同床異夢 하는 결과가 나타나기도 했다. 재택근무 시 그라운드 룰을 사전에 합의하고 시작했다면 서로 다르게 생각하는 것을 미연에 방지할 수 있었을 것이다. 이때 돌발 상황 등에 대한 대처 방안도 반드시 합의해야 한다.

둘째, 리더 독단이 아니라 반드시 조직 구성원과 합의하여 만들고, 만들었으면 모두가 지켜야 한다. 남이 한다고 무늬만 그라운드 룰을 만들고 지키지 않으면 무용지물이 된다. 지킬 수 있는 룰을 위해 먼저 조직 구성원들이 조직운영의 효과성을 위해 스스로 지켜야 할 내용을 리더가 없는 상태에서 자유롭게 의견을 교환하며 만들면서 리더에게 요구할 사항도 포함하게 한다. 그다음 리더가 자신의 생각과 의지를 표명하여 최종 합의를 하면 된다. 그라운드 룰의 시행과정에서 가장 예외를 두고 싶어 하는 사람이 바로 리더 자신일 수 있지만 솔선수범해야 존경받는 리더가 된다.

셋째, 조직운영의 그라운드 룰을 정했으면, 일체감을 위해 우리 조직이 이루고자 하는 것을 하나의 색깔로 표현해 보면 좋을 것이다. 필자와 코칭 대화를 나눈 리더는 이렇게 얘기했다. 지금은 도전 업무 특성상

빨강색이지만, 안정화가 되면 자신이 좋아하는 녹색으로 만들고 싶다고 했다. 한편 또 다른 리더는 궁극적으로 원하는 색깔은 무지개색인데 무지개처럼 개인성도 보장하고 다양성도 존중되어 협력의 시너지가 발휘되면 좋겠다고 했다. 중요한 것은 마치 대한민국 축구 대표 팀의 붉은 악마 응원단처럼 자신만의 컬러가 필요하다.

임원이든 팀장이든 조직의 리더로서 목표를 달성하기 위해 자신의 조직을 어떻게 운영할 것인가? 깊이 생각하고 그것을 조직 구성원과 함께 이루려면 먼저 그라운드 룰을 정립하라. 정답은 없다. 조직의 업무 특성과 상황 그리고 워라밸을 추구하는 조직 구성원의 욕구를 고려하여 합의하는 것이 중요하다. 지금 여러분 조직의 그라운드 룰은 어떤 색깔인가? 그것이 리더와 조직 구성원에게 주는 의미는 매우 크다.

생각해 볼 화두

1. 우리 조직의 그라운드 룰은 무엇인가?
2. 상기 3가지 그라운드 룰 사례에서 어떤 Insight를 얻었는가?

행복한 리더가 끝까지 간다

Push 리더십과 Pull 리더십

만물이 소생하는 봄이 되면 추운 겨울을 이겨내고 산과 들에 봄꽃이 핀다. 매화가 피고 곧 목련, 진달래, 개나리 등도 핀다. 이미 자신 속에 간직하고 열매를 맺기 위한 간절함을 자기만의 독특한 꽃으로 표현한다. 자연은 이들에게 적당한 햇빛과 비 그리고 바람 등을 주어 스스로 피게 한다.

비유하자면 우리 직장인도 마찬가지다. 자기 내면의 위대함을 누구나 갖고 있는데, 이를 조직에서 발휘하는 것이다. 리더는 자신뿐만 아니라 조직 구성원 각자가 스스로 위대함을 펼칠 수 있도록 환경을 조성해줘야 한다. 이것이 진정한 리더이다.

리더의 숙명인 조직의 성과 달성과 조직 구성원의 동기부여를 위해 어떻게 해야 할까? 이제는 과거처럼 지시하고 밀어붙이는(Push) 리더십 방식에서 벗어나 조직 구성원의 무한한 잠재력을 발휘하게 하는(Pull) 리더십으로 전환이 요구된다. 산업화 시대에는 성공한 선진 롤모델을 벤치마킹해 이미 답을 알고 있는 상황에서 빠르게 추격하는 카리스마 리더십이 필요했다. 그것이 당시 우리의 성공방식이었다. 물론 긴급 상황이나 위기 상황에는 여전히 카리스마 리더십이 요구된다.

그러나 조직의 미션과 비전은 있지만 이를 어떻게 효과적으로 달성해야 하는지 잘 모르는 요즘 상황에서는 무엇을 해야 할까? 달성 방법에 대한 해답을 함께 찾아야 한다. 조직 구성원의 무한한 잠재력을 조직의 목표 달성에 활용하려면 어떻게 해야 할까? 공감을 통해 조직 구성원들의 마음을 얻고 그들에게 자율성을 주어 조직의 목표와 한 방향인 도전적인 목표를 그들 스스로 설정하고 달성하여 성취감을 맛보게 하는 것이 중요하다. 리더는 조직 구성원의 마음을 얻기 위해 어떻게 해야 할까? 이 시점에 세 가지를 고려해 봐야 한다.

첫째, 조직 구성원의 진정성을 존중해주어야 한다.
중요한 것은 획일적인 접근이 아니라 개인 맞춤형으로 접근해야 한다. 관건은 업무상 권한위임을 통해 리더의 시간을 확보해야 한다. 이렇게 확보된 시간에 조직 구성원과 대화로 그들의 고민과 욕구를 파악하여 과제를 해결하고 그들이 진정으로 원하는 것을 이루도록 진심으로 도와주는 것이다. 이것이 조직과 개인이 상생하는 길이다.

둘째, 조직문화 차원에서 시너지를 내는 것이다.

1 더하기 1은 2가 아니라 그것보다 크게 만들어야 하는데 어떤 리더는 자기중심의 자만심에 2도 만들어 내지 못한다. 그러면 조직의 미래는 어떻게 될까? 내가 리더로서 만들고 싶은 조직문화는 무엇인가? 조직의 미션 및 목표와 자신의 업무에 대해 리더로서 신념과 포용력 그리고 조직 구성원과 신뢰를 점검해 봐야 한다.

중견 병원의 사례다. 의사인 A는 전문치료만 하다가 근속기간이 늘어남에 따라 병원의 관리업무까지 맡게 되었다. 그는 병원의 구성원이 각각 전문 자격증(의사, 간호사, 물리치료사 등)을 가지고 해당 분야의 일만 하기 때문에 다른 분야에 대한 이해도가 낮고 자신의 애로사항만 강조하는 상황에서 어떻게 동기부여를 하여 조직 전체의 시너지를 내야 할지 필자에게 자문을 구했다. 또한 간호사 등 특정 분야 이직률이 높은 상황에서 계속 경력직 채용을 해야 하는 악순환도 고민이라고 했다.

어떤 해결책이 있을까? 필자는 몇 가지 질문을 했다. 특히 이직률이 높은 직종의 조직 구성원은 조직 내에서 존중을 받고 있다고 생각하나요? 그들이 이직하면 타 업종으로 가요 아니면 동종 업종으로 가요? 장기근속에 대한 우대는 무엇인가요? 기능과 역할에 따른 전문가 집단 운영인가요 아니면 위계에 의한 전문가 집단 운영인가요? 다른 전문가 집단이 없어도 조직 전체의 목표를 효과적으로 달성할 수 있나요? 특히 의사 집단의 타 부분에 대한 포용력은 어느 정도인가요?

병원의 직종이 다양해서 생기는 이슈이지만, 이해관계자가 많은 우리 기업도 예외는 아니다.

셋째, 매사 적절한 타이밍이 있다.

이를 아는 것이 리더의 현명한 지혜이다. 발묘조장拔苗助長이란 고사 성어가 있다. 싹을 뽑아 올려 자람에 도움을 준다는 『맹자孟子』의 공손 추에 나오는 이야기다. 중국 송宋나라에 어리석은 농부가 있었는데 모 내기를 한 후 벼가 어느 정도 자랐는지 궁금해서 논에 가보니 다른 사 람의 벼보다 덜 자란 것 같아 보였다. 이에 농부는 궁리 끝에 벼의 순을 잡아 빼보니 더 자란 것처럼 보여 집에 돌아와 자랑을 했다. 이튿날 아 들이 논에 가보니 이미 벼는 하얗게 말라 죽었다. 어리석은 농부는 왜 이런 어처구니없는 일을 하였을까?

이에 우리는 줄탁동시啐啄同時의 교훈을 되새겨 실천해야 한다. 병아 리가 알에서 나오기 위해서는 새끼와 어미 닭이 안팎에서 서로 동시에 쪼아야 한다는 뜻처럼 리더는 조직 구성원이 스스로 위대함을 발휘하 도록 평소 지지 격려해 주고 기다리면서, 결정적인 순간 힘을 합쳐 조 직과 개인이 원하는 성과를 내야 하지 않을까?

리더십의 황금률인 '내가 대접받고 싶은 대로 남을 대접하라'는 상 대방의 마음을 얻는 데 언제까지나 유효하다. 우리는 다른 사람들이 단 순히 자신을 좋아해 주기를 바랄 뿐만 아니라 존중해 주기도 바란다.

상호 신뢰와 존중의 문화에서 자율성이 발휘되고 조직의 시너지도 난다. 그러려면 리더는 'individual care', 즉 맞춤형으로 그들이 위대함을 발휘하도록 환경을 지원해야 한다. 마치 자연의 적당한 햇빛, 비, 바람 등을 통해 풀과 나무들이 스스로 꽃을 피우듯이.

생각해 볼 화두

1. 리더로서 나는 Push 리더십과 Pull 리더십 중 어떤 리더십을 발휘하고 있다고 느끼는가?
2. 나는 조직 구성원의 마음을 얻기 위해 어떤 노력을 하고 있는가?

05

해야 할 일과
하지 말아야 할 일 5가지

외국계 회사 A 임원이 코칭 대화가 필요하다고 연락이 왔다. 지금 있는 회사에 만족하며 CEO 및 직원들과 관계도 너무 좋다고 했다. 현 직장에서 10년 이상 근무하며 인사제도와 시스템을 만들어 놓은 주인공이었다. 그럼에도 그는 다른 직장에 면접을 보고 최종 결심을 앞두고 있었다. 거두절미하고 질문을 던졌다. "지금 직장과 새로운 직장에서 각각 설렘의 정도가 어떠한가요?" 그는 이직하고 싶은 마음이 그 어느 때보다 크다고 했다.

그렇다면 왜 이런 현상이 생기는 걸까? 우수 인재를 유지하는 방안이 얼마나 어려운지 알 수 있다. 인재를 사로잡는 방법은 마음을 사는 것이나 다름없다. 그러자면 그들에게 가슴 뛰게 하는 놀이터를 만들어 주어야 한다. 회사와 조직 구성원에게 적어도 다음 세 가지 질문을 던저 볼 필요가 있다. 그들이 회사의 과거-현재-미래에 지속적으로 공헌할 수 있다고 믿는가? 그들이 회사에서 계속 성장하고 행복하다고 느끼고 있는가? 매일 출근할 때 마음이 설레는가? 그다음은 회사 목표와 그들의 목표를 한 방향이 되도록 환경을 마련해야 한다.

현 직장이나 새로 옮기는 직장에서 자신이 반드시 해야 할 일이 있으면 사명감을 갖고 즐겁게 일을 하게 될 것이다. 필자는 A 임원에게 새로운 직장에서 설렘을 지속 유지하기 위해 반드시 해야 할 일 Do 과 하지 말아야 할 일 Don't 각 5가지를 설정하고, 이를 액자에 담아 사무실에 비치해 늘 보면서 성찰할 수 있도록 주문했다. 그는 지금 10년 이상 다녀온 회사와 아름다운 이별 중이라고 했다.

A 임원의 Do and Don't

Do	Don't
• 꿈을 크게 갖기 (향후 부문장으로 역할)	• 자신의 일에 한계를 정하기 않기
• 매사에 감사하기	• 자신이 결정한 것에 후회하지 않기
• Self-reflection	• 이전 회사와 비교하여 불평하지 않기
• 영어 공부	• 상대방에게 50% 이상 말하지 않기
• 건강 및 체력 관리	• 마지막 순간까지 미루는 버릇 하지 않기

B 임원의 Do and Don't

Do	Don't
• 회사와 자신이 합의한 3년 후 목표 상기 하기	• 일상 업무의 회오리바람에 휩쓸리지 않기
• 긍정적 마인드 내재하기	• 상대방 인격을 존중하고 화내거나 짜증
• 이해관계자와 진솔한 관계 확장하기	내지 않기
• 지혜와 절제 속에서 자신의 생각을 표현 하기	• 가치 없이 시간 낭비하지 않기
	• 약속에 늦거나 일정 미루지 않기
• 자투리 시간 학습 습관 배양하기	• 업무로 가정사에 영향을 미치지 않기

중간관리자 C의 리더로서 Do and Don't

Do	Don't
• 정확한 목표와 비전 제시	• 사익私益을 위한 행동 않기
• 위기 대처 능력 배양 (인맥 관리, 협상 능력 등)	• 경솔하지 않기
	• 다른 사람 비난하지 않기
• 직원들에게 적절한 동기부여와 투명한 보상	• 위만 쳐다보고 달리지 않기
	• 근무시간에 집중하고 야근하지 않기
• 경청하고 의견 존중하기(원활한 소통)	
• 즐거운 조직문화 만들기	

필자의 코칭 대화 시 Do and Don't

Do	Don't
• 코칭 대화 시 고객에게 진정으로 공감하고 있는가?	• 일을 시작할 때 우물쭈물하지 않기
• 학교 수업 준비를 충실히 하고 있는가?	• 상대방의 말을 중간에 끊지 않기
• 내가 틀릴 수도 있다. 겸손한 자세를 유지하고 있는가?	• 신체에 너무 무리를 주지 않기
• 일주일에 책 1권 읽기	• 가정사에 소홀히 하지 않기
• 요청받은 내용 신속하게 피드백하기	• 편안함만 추구하지 않기

앞선 표의 몇 가지 사례가 Do and Don't 설정에 도움이 될 것이다.

누구나 자신에게 설레고 필요한 일을 통해 몰입도를 높이고, 하지 말아야 할 일을 지킴으로써 원하는 성장과 행복을 이룰 수 있다. 그러면 다음과 같은 다섯 가지의 이점이 있다. 첫째, 자신이 이루고자 하는 목표를 정확히 설정할 수 있다. 둘째, 자신의 강점과 개선할 점을 분명히 파악할 수 있다. 셋째, 솔선수범하는 인격체로 다른 사람들과 관계가 좋아진다. 넷째, 같은 실수를 반복하지 않을 수 있다. 다섯째, 조직의 목표달성을 이루는 리더십이 함양된다. 그러면 매슬로우가 이야기하는 자아실현 욕구를 달성할 수 있으리라.

세일즈포스닷컴의 창업자인 마크 베니오프는 말했다. "있는 그대로

가 아닌 당신이 원하는 대로 생각하라." 자신이 원하는 것이 조직에서 업무이든, 관계이든, 개인적인 일이든 적어도 3개월은 습관화하여 실천하게 되면 달라진 자신의 모습을 볼 수 있을 것이다. 이어서 분기별 또는 연도별 롤링 해 또 다른 Do and Don't 리스트를 만들어 실천하면 반드시 어제보다 나은 오늘, 오늘보다 나은 내일이 있을 것이다.

생각해 볼 화두

1. 당신의 Do와 Don't 각 5가지는 무엇인가?
2. 지금의 직장에서 당신의 설렘 정도는 어떠한가?

06

지금 HR은
무엇을 해야 하는가?

기업을 둘러싸고 있는 환경을 보면서 제일 먼저 떠오르는 것은 무엇인가? 아마 코로나 팬데믹에 따른 영향이 아닐까 한다. 여기에 4차 산업혁명의 디지털 트랜스포메이션에 대한 선제적 대응이 요구된다. 또 서로 다른 가치관과 신념을 가진 XYZ세대가 공존하는 조직에서 구성원들과의 원활한 소통을 통해 조직의 목표를 달성하고, 조직 구성원의 성장과 행복을 이루도록 해야 하는 과제가 놓여있다.

이런 상황에서 HR의 역할은 무엇일까? 경영대학원 '전략적 인적자원관리' 수업시간에 열띤 토론이 있었다. 필자는 다음과 같은 화두를 던졌다. "HR이 CEO의 전략적 파트너가 되려면 어떻게 해야 하는가? CEO는 무엇에 관심을 가질까?" 물론 인사부 책임자로 해야 할 일을 제시하기도 했다. 아울러 인사 부서에 바라는 점도 있었다. 일부 사례를 소개한다.

HR 책임자인 A 팀장 이야기다. 그는 CEO를 보완하는 전략적 파트너로 사업과 연계하여 조직, 사람, 제도, 문화의 경쟁력을 높이며 가치를 창출하여 회사가 지속 성장하도록 이끌어야 한다고 했다. 이를 위해 HR 부서는 회사의 사업을 꿰고 있어야 하며 변화에 깨어 있어 한발 앞선 의사결정을 해야 한다고 강조했다. CEO가 HR에 바라는 것은 세 가지라고 요약했다. 첫째, 사람의 선발과 육성. 둘째, 조직의 변혁을 이끄는 인사. 셋째, 사업 전략과 실행을 연결하는 소통을 통해 하나의 회사가 되게 하는 것. 결국 기업은 사람이라는 것이다.

중견회사 B 임원 이야기다. 그는 HR 부서에 이렇게 요구했다. HR이 CEO의 전략적 파트너가 되기 위해서는 비즈니스 마인드, 다양한 직무 경험, 경청하는 자세 및 커뮤니케이션 능력이 요구된다고 했다. 그는 기업 경쟁 환경이 점차 복잡해지는 과정에서 지속 가능한 경영을 위한 경쟁우위 요소는 인재라고 했다. 그는 GE의 전 CEO 잭 웰치의 저서 『위대한 승리』에 나오는 구절을 인용했다. "어떤 조직에서든 HR의 총책임자는 조직의 제2인자가 되어야 한다." HR은 자신의 업무가 얼마나 중요한지 느껴야 할 것이다.

현업 부서 C 팀장 이야기다. 그는 기업 경영의 3요소로 사람, 자본, 물자를 언급하며, HR은 기업 경영에 가장 필수 업무라고 했다. 또

CEO의 전략적 파트너가 되기 위해 CEO의 생각과 회사의 비전을 달성하기 위한 맥락을 같이 이해하고 행동해야 한다고 강조했다. 이를 위해 경영성과를 향상시킬 수 있도록 조직을 변화시킬 우수 인재를 채용하고, A급 인재가 유출되지 않게 해야 한다고 했다. 그리고 조직 구성원들이 조직 몰입과 동기부여가 될 수 있는 인사제도를 만들어야 한다고 강조했다. 조직 구성원이 적극 수용할 수 있는 인사정책과 시스템이 요구된다고 할 수 있다.

HR이 CEO의 전략적 파트너가 되고 회사에 공헌하려면 다음 세 가지를 고려해야 한다. **첫째, 회사의 조직문화를 선도하고, 코로나 팬데믹 상황에서 일하는 방식의 체계화를 만들어야 한다.** 그것이 잘 이루어지는지 확인하는 것이 평가 시스템이다. 조직 구성원이 반드시 갖추어야 할 공통역량과 업무 성과를 향상시킬 수 있는 전문 역량 그리고 직책 보임자의 경우 리더십 역량도 반영해야 한다. 여기에 4차 산업혁명시대 디지털 리터러시Digital Literacy, 즉 각종 디지털 미디어를 활용하여 콘텐츠를 생산하고 소통할 수 있는 역량도 평가에 반영하고 교육도 해야 한다.

둘째, 조직 구성원들의 요구사항을 진솔하게 듣고 CEO에게 가감 없이 전달하고 이를 반영한 인사정책을 세우고 실행하는 것이다. 토론에 참여한 입사 10년 차 실무자 D는 자신이 회사에서 이루고자 하는 것을 다음 세 가지로 제시했다. 소속감, 자기개발, 능력 인정받기다. 그는 회사

생활 초반 회사와 업무에 적응하기 전까지는 소속감을 못 느꼈지만, 이후 소속감을 느끼게 되면서 업무 환경에 적응하게 되고 자연스럽게 팀원들과 가까워졌다고 했다. 구성원들은 안정된 소속감을 느낄 때 자존감이 높아지고 업무성과도 높아지는 것을 알 수 있다.

전문 직군인 E는 일과 삶의 균형이 있는 워라밸을 이루고 싶다고 했다. 그는 역량개발을 위한 온-오프라인 교육 수강 기회 확대와 유연근무제 등 근태관리가 필요하다고 했다. 또한 워라밸을 갖추기 위해서는 인력이 부족해서는 안 된다면서 조직원이 연차를 모두 사용할 수 있다는 전제하에 인력이 구성되도록 요청했다. 부족한 인력으로는 10일 걸리는 프로젝트를 일주일 만에 성공적으로 마무리할 수 없다고 했다. 적정 인력과 일할 수 있는 환경을 만들어 주는 것은 HR의 업무다.

셋째, 조직 구성원들의 직무만족과 조직 몰입을 이끌어내기 위해 어떻게 동기부여하느냐가 관건이다. 이를 위해 HR은 현업의 부서장들을 코치형 리더로 육성해야 한다. 지금은 조직의 위계질서를 강조한다고 성과가 나는 시대가 아니다. 그들이 기존에 잘해 오던 관리자로서 매니지먼트와 병행하여 이제는 코치형 리더가 되어 구성원들의 성장을 이끌게 해야 한다. 특히 밀레니얼 및 Z세대 조직 구성원들을 존중해 주고 공감해 주며 그들이 스스로 잠재력을 이끌어 내도록 지원하며 소통하는 리더가 되도록 제도적 뒷받침을 해야 한다.

HR, 즉 인사와 교육부서는 CEO와 현업 리더 그리고 구성원이 무엇을 원하는지 끊임없이 관찰하고 그들과 대화하며 지원하는 역할을 수행해야 한다. 바로 이것이 HR의 사명이다.

생각해 볼 화두

1. 당신이 HR 부서에 있다면, CEO 및 현업 부서와 어떻게 소통하고 있는가? 그들의 Needs를 어떻게 파악하고 있는가?

2. 당신이 현업 부서에 있다면, HR 부서와 어떻게 소통하고 있는가? 그들에게 무엇을 요구하고 있는가?

07

조직생활의 멋과 맛은?

　임원이든 팀장이든 직장인들은 대부분의 시간을 조직에서 보낸다. 그렇다면 조직생활에서의 바람직한 모습은 어떠해야 할까? 필자는 코칭하면서 P 임원에게 "조직에서 멋과 맛을 느끼며 생활하려면 어떻게 해야 할까요?"라고 물었다. 그는 한참 있다가 "멋과 맛 그런 생각을 해보지 못했습니다."라고 솔직히 대답했다. 얼마나 주어진 업무에만 몰입했었는지 느낄 수 있었다.

　또 K 임원에게도 같은 질문을 했다. 그는 이렇게 대답했다. "저는 직장생활을 통해 대외적으로 인정받고, 조직의 발전에 기여하는 데 중점을 두고 이제까지 살아왔습니다. 어찌 보면 밥도 기능적으로 먹었지 그 맛을 느끼지 못했던 것 같습니다. 한마디로 재미란 말은 떠올리지 않았죠."

대개 임원들은 자신을 불살라 조직을 발전시키는 '멸사봉공滅私奉公'의 정신으로 조직생활을 한다. 과연 앞으로도 그렇게 해야 할까?

이제는 누구나 조직에서 멋과 맛을 느끼며 생활해야 한다. 사람마다 멋과 맛을 다양하게 정의할 수 있을 것이다. 필자는 조직생활에서 멋은 겉으로 드러난 아름다움이라고 생각한다. 그것은 조직의 리더이든 실무자이든 주어진 목표를 달성하고, 그 달성된 목표가 주변사람들로부터 훌륭하다고 인정을 받을 때 나타난다. 그때 아름답고 멋스럽다고 할 수 있다. 조직의 목표를 달성하고 성과를 내기 위해 다음과 같은 질문을 스스로 해 보았으면 한다.

- 내가 하고 있는 업무가 진정으로 조직의 성장 발전에 기여하고 있는가? 아니면 관행으로 하는 것은 아닐까?
- 나는 내 업무에서 경쟁사와 얼마나 차별화된 성과를 내고 있는가?
- 나는 우리 조직과 업무 추진 과정에서 긍정적인 영향력을 발휘하고 있는가?
- 지금 추진하고 있는 일의 방식에 어떤 개선점이 있을까?
- 나는 소속 직원들에 대한 성장과 육성에 얼마나 관심을 가지고 있는가?

조직생활의 맛은 다른 사람들의 객관적인 평가라기보다 내가 스스로 느끼는 만족감, 자신감, 행복이다. 자신만의 독특한 맛과 모양, 색깔로 나타낼 수 있어야 한다. 인생은 '앵매도리櫻梅桃梨'라는 말이 있다. 앵

두나무는 앵두꽃을, 매화나무는 매화꽃을, 복숭아나무는 복숭아꽃을, 배나무는 배꽃대로 자기답게 피어나기에 이 말이 유래되었다. 즉 조직 생활의 맛을 느끼려면 타他의 간섭이나 유혹에 상관하지 않고 자신의 뜻대로 자기 본연의 꽃을 피워야 한다. 다음 질문에도 스스로 답해보길 바란다.

- 내가 진정으로 이루고 싶은 가치를 추구하는 데 더 많은 시간을 쓰고 있는가?
- 나는 성장을 위해 독서, 건강 등 자기개발을 꾸준히 하고 있는가?
- 나와 함께하는 공동체 일원들의 행복을 위해 어떤 마음으로 어떻게 도움을 주고 있는가?
- 나의 매력 포인트는 무엇이며 어떻게 가꾸어 나갈 것인가?
- 나는 상대방과 대화할 때 그들이 편안하게 느끼도록 배려하는가?
- 언젠가 이 조직을 떠나서도 커피나 소주 한잔하고 싶은 소중한 인연을 몇 사람과 맺고 있는가?

이제 조직 내에서 자신의 정체성을 재인식하고, 조직에 공헌하며 자신의 성장과 행복을 찾아가는 계기를 만들어 가야 할 시점이다. 모든 직장인들은 "있는 그대로 알고, 있는 그대로 보라"는 '여실지견如實知見'을 새기면서 진실하게 행동하여 부끄럽지 않은 조직생활을 하길 바란다. 왜냐하면 후회는 미리 오지 않기 때문이다.

멋과 맛은 점 하나의 방향 차이다. 이 역시 선택이다.

생각해 볼 화두

1. 내가 하고 있는 업무가 조직의 성장 발전에 진정으로 기여하고 있는가? 그 내용을 5가지만 적어보자.

2. 앵매도리(櫻梅桃梨)처럼 나만의 매력 포인트는 무엇이며, 나는 이를 어떻게 가꾸고 있는가?

08

슬기로운 조직생활을 위한
균형 감각

　"조직생활의 멋과 맛은?" 칼럼에 대한 많은 지인의 피드백을 받았다. 예를 들면 리더로서 소속 직원과 면담 시 이제부터는 앵매도리樱梅桃梨와 여실지견如實知見의 관점에서 실시하겠다. 또 다른 지인은 '멋'은 조직의 목표를 달성하고 성과를 내는 외부적이고 객관적인 측면이 강하고, '맛'은 내부적이고 자기 정체성을 찾아가는 과정에서 타인에 대한 배려를 강조하는 측면이 강함을 느꼈다고 하면서 이는 선택의 문제가 아니고 합하여 한 몸을 이루어야 한다고 했다.

　한 지인은 조직생활에서 멋과 맛의 균형을 맞추려면 어떻게 해야 하는지 질문을 했다. 이에 두 가지 화두를 주었다.

　먼저 최인호 작가의 『상도商道』에서 주인공 임상옥의 좌우명이다.

그는 "장사는 이문을 남기는 것이 아니라 사람을 남기는 것이다."라고 하였고 재상평여수財上平如水 인중직사형人中直似衡을 실천했다. 즉 재물은 평등하기가 물과 같아야 하고 사람은 바르기가 저울과 같아야 한다. 임상옥은 사람을 저울로 달 때 몸무게가 아니라 인격을 올려놓았다. 그는 평소 사람 위에 사람 없고 사람 밑에 사람 없다는 생각을 가졌다.

다음은 2000년 코카콜라 더글러스 테프트 회장의 '삶이란 다섯 개의 공을 돌리는 저글링'이란 글이다. 그는 다섯 개의 공을 회사, 친구, 건강, 가족 그리고 나라고 명명하고 모두 공중에서 돌리고 있다고 상상해 보자고 했다. 회사에서 일은 고무공이라서 바로 튀어 오르는데 나머지 4개의 공은 유리로 되어 있어 일단 떨어지면 깨져서 다시 전과 같이 될 수 없다고 강조했다. 그럼 어떻게 균형을 유지해야 하나?

슬기로운 조직생활을 하려면 균형 감각이 필요하다. 〈슬기로운 의사 생활〉, 〈슬기로운 감빵 생활〉 등 드라마 제목에서도 익숙한 '슬기로운'이란 무슨 뜻일까? 국어사전에 따르면 이는 사물의 이치를 바르게 분별하고 일을 정확하게 처리할 방도를 생각하는 재능이라고 되어있다. 영어로 표현하면 Wise 또는 Intelligent라고 할 수 있다. 이제 슬기로운 조직생활의 균형을 위해 다음 질문에 스스로 답해 보면 좋겠다.

• 우리 조직(회사)이 존재하는 이유와 나 자신이 조직 내에서 존재하는 이유가 어느 정도 일치하는가?

- 우리 조직(회사)이 꿈꾸는 비전과 내가 조직에서 이루고 싶은 꿈은 어느 정도 일치하는가?
- 우리 조직(회사)이 중점을 두는 핵심가치에 나는 얼마나 어떻게 공헌하고 있는가?
- 나의 가치관과 신념은 조직 내 업무추진과 성과 달성에 어떻게 반영되고 있는가?
- 내 삶의 우선순위는 조직 내 업무에 얼마나 반영되고 있고 이를 어떻게 측정하고 있는가?

필자가 생각하는 조직생활을 위한 균형 감각 고려 사항은 세 가지다. **첫째, 회사에서의 일과 자신의 성장과 행복을 위한 시간 투자 간 균형이다.** 이는 산술적 50 대 50과 같은 것도 아니고, 자로 잴 수 있는 것도 아니다. 자신의 자아 효능감을 주는 데 상호 연결되어 있기 때문이다. 따라서 자신의 업무 성과를 달성하는 과정에 성장과 행복을 위한 시간 투자를 적절하게 조정해 나갈 필요가 있다.

둘째, 장단기 시간적인 균형이다. 인생의 장기적인 목표를 기준으로 삼아 지금 현재 내가 추구하고 있는 일의 가치를 점검하는 것이다. 여기에는 조직생활 은퇴 후 삶도 고려해야 한다. 강조하고 싶은 것은 자신의 전문성이다. 적어도 1~2개 분야에서 탁월하고 차별성 있게 성과를 낼 수 있도록 연구하고 수행하며, 이를 자신의 삶의 가치로 이루어내도록 해야 한다. 이 과정에서 심신의 피로감을 덜어낼 수 있도록 그때그때 휴식과 건강도 중요하다. 건강이 담보되지 않으면 미래도 없기 때문이다.

셋째, 인간관계 균형이다. 원하는 것이 있을 때 필요한 사람들과 인연을 맺는 것이 아니라 상대방 요청이 있을 때 기꺼이 도와줄 수 있어야 한다. 업무적으로든 업무 외적으로든 상대가 필요로 하면 자신의 상황이 허락하는 범위 내에서 진정성 있게 도와주는 배려가 있어야 한다. 그런 다음 도움을 요청해도 늦지 않다. 만약 여건이 허락하지 않으면 정중히 상황을 설명해야 한다. 어려울 때 친구가 진정한 친구라는 말이 있지 않은가? 자신의 주위에 그런 친구가 있으면 성공한 삶이 아닐까?

결국 슬기로운 조직생활을 위해서는 자신의 꿈과 사명을 얼마나 조직과 일치시키느냐가 관건이다. 그리고 목적의식이 있는 삶을 위해 이를 실천하는 용기와 동시에 함께하는 사람들에 대한 배려의 균형도 필요하다. 오늘 자신의 상황을 점검해 보면 어떨까?

생각해 볼 화두

1. 나는 슬기로운 조직생활을 위해서 나의 꿈과 사명을 얼마나 조직과 얼라인먼트하고 있는가?
2. 나는 조직 내에서 성장과 행복을 위한 시간 투자를 어떻게 하고 있는가?

09

리더로서 성공의 척도는?

"당신과 함께 일한 사람들이나 당신이 도와준 사람 중 훌륭한 리더로 성장한 사람이 몇 명인가?" 이는 빌 캠벨이 리더에게 성공을 측정하는 기준으로 제시한 질문이다. 그는 누구일까?

2016년 4월 어느 따스한 날, 많은 사람들이 캘리포니아주 새크리트 하트 스쿨 풋볼 경기장에 모여들었다. 75세 나이에 암으로 세상을 떠난 윌리엄 빈센트 캠벨 주니어William Vincent Campbell, Jr. 를 추모하기 위해서다. 이날 래리 페이지, 세르게이 브린, 마크 저커버그, 셰릴 샌드버그, 팀 쿡, 제프 베조스, 에릭 슈미트 등 천 명이 넘는 사람이 모였다. 왜 실리콘밸리 수많은 CEO들이 그의 베스트 프렌드로 참가했을까?

이를 이해하려면 먼저 그의 인생 3막을 살펴볼 필요가 있다. 그는

1940년 펜실바니아 홈스데드에서 태어나 홈스데드 고등학교의 풋볼 선수였고, 졸업 후 뉴욕 맨해튼의 컬럼비아 대학에서 경제학을 공부했다. 4학년 때 풋볼 팀 주장으로서 아이비리그 대학들로 구성된 풋볼리그에서 우수 선수상을 받고 팀을 아이비리그 챔피언십 우승으로 이끌었다. 그 후 보스턴 칼리지 풋볼 팀 보조코치가 되었고, 1974년 모교 컬럼비아대 풋볼 팀 감독이 되었다. 이것이 그의 인생 1막이었다.

39세에 광고대행사에 입사해 비즈니스 세계에 입문했고, 코닥의 광고대행 성과를 인정받아 코닥 유럽 본사의 임원이 되었다. 이어 애플에 합류한 지 9개월 만에 영업 마케팅 담당 임원으로서 당시 애플의 대표 제품이었던 매킨토시 출시를 총괄했다. 캠벨은 이후 고 코퍼레이션이라는 스타트업 CEO와 1994년부터 2000년까지 인투이트의 CEO로 회사의 성장과 성공을 이끌었다. 이것이 그의 인생 2막이다. 그 후 그는 실리콘밸리 CEO들의 코치가 되어 인생 3막을 펼쳤다.

전직 풋볼 코치가 어떻게 스티브 잡스, 래리 페이지, 에릭 슈미트, 제프 베조스, 셰릴 샌드버그, 앨 고어 등 수많은 리더들을 코칭했을까? 그는 스포트라이트를 피해 뒤로 물러나 있기를 선호한 탓에 '실리콘밸리의 가장 감춰진 비밀'이라고 불렸다. 그는 팀 스포츠의 승리 공식을 비즈니스에 이식해 '팀플레이'의 기업문화를 만들었다. 그가 심어 놓은 존중의 문화, 공동체 정신, 수평적 관계, 협력의 커뮤니티는 지금도 실리콘밸리에서 혁신의 원동력으로 자리매김하고 있다.

에릭 슈미트 등이 캠벨과 함께 일한 80여 명과 인터뷰한 내용을 중심으로 쓴『빌 캠벨, 실리콘밸리의 위대한 코치』에서 그를 1조 달러 코치 trillion dollar coach 라고 불렀다. 왜냐하면 그가 코칭한 기업마다 시가총액 1조 달러를 돌파했기 때문이다. 그러면서 "만약 빌 캠벨이 없었다면 애플도 구글도 아마존도 지금의 모습이 되지 못했을 것이다."라고 강조했다. 그러나 그는 코치의 일에 보수를 받지 않았다고 한다. 구글에서 제안한 보수를 거절하고 구글 주식을 받았지만 모두 자선단체에 기부했다.

그는 늘 도전했다. '방 안의 코끼리 Elephant in the room'란 무슨 의미일까? 모든 것을 덮어버릴 만한 큰 문제이지만 모두가 모른 척하는 상황을 말한다. 조직에서의 일이란 늘 쉽게 해결되지는 않는다. 일이 생기면 사람들 사이에 긴장감이 조성되고 이때 사람들은 이런 상황 자체를 언급하지 않는다. 하지만 회피할수록 상황은 악화된다. 캠벨은 풋볼 코치 시절 공격이나 수비에서 가장 약한 고리가 어디인지 늘 고민하고 해결했다. 즉 가장 큰 문제를 먼저 식별한 후 모든 사람들 앞에서 드러내고 이 문제부터 해결하는 것이다.

"당신과 함께 일한 사람들이나 당신이 도와준 사람 중 훌륭한 리더로 성장한 사람이 몇 명인가?"라는 빌 캠벨의 질문처럼 "나의 리더로서 성공의 척도는 무엇인가?" 지금 시점에 리더에게 필요한 질문이다. 리더로서 어떤 직종, 어떤 위치에 있더라도 자신의 경험과 전문성을 바탕으로 정할 수 있다. 캠벨은 함께하는 모든 사람을 인간적으로 대했고, 항상 팀 퍼스트 Team First 그리고 올바른 성공을 추구했다.

필자는 리더로서 조직 구성원들이 삶의 목적을 달성하도록 지원해 주는 것도 하나의 방법이라고 생각한다. 얼마 전 44세로 세상을 떠난 영화 〈블랙팬서〉의 주역 채드윅 보스만의 2018년 하워드대 졸업식 축사가 감명 깊다. 그는 이렇게 말했다. "직업이나 커리어보다 목적을 먼저 찾으세요. 목적이 여러분이 이 시대, 지구상에 존재하는 이유입니다. 무슨 진로를 택하든 잊지 마세요. 그 길에 따르는 역경은 여러분을 목적지에 데려다주는 과정입니다."

캠벨에게서 배울 점이 많다. 그가 왜 실리콘밸리에서 전설적인 코치가 되었는지 알게 된다면 그가 여러분을 더 훌륭한 리더로 성장하도록 도움을 줄 것이다.

생각해 볼 화두

1. 나와 함께 일한 사람들 중에 내가 훌륭한 리더로 성장시킨 사람은 몇 명인가? 그들은 지금 어떻게 활동하고 있는가?
2. 나에게 "방 안의 코끼리"는 무엇인가? 나는 그것을 때로 외면하고 있지는 않은가?

10

누가 나를
리더로 만드는가?

앞선 칼럼에서 빌 캠벨에게서 배울 점이 많다고 소개했다. 필자가 강조하는 쌍방향 소통 차원에서 많은 지인들이 피드백을 주었다. 일부를 소개하면 다음과 같다.

- 빌 캠벨 코치의 인생 3막이 왜 성공으로 이어졌는지 알게 되었다.
- 인생길에서 방 안의 코끼리Elephant in the room를 회피하였던 적은 없었는지 반성해 본다.
- 나와 함께 일했던 사람 중에 리더로 성장한 사람은 과연 누구일까? 생각하게 한다.
- 자기를 드러내지 않고 상대방의 탁월성을 이끌어 낸 산 증인으로 존경한다.
- 가장 약한 고리를 찾아 마주하고 이를 해결해 나가는 방식을 실천하기 위

해 의지를 가진 행동이 중요하다고 느꼈다.

• 교수도 코치인데 내가 지도하고 코치한 학생들이 얼마나 성공했는지 생각해 보면 숙연해진다.

누가 나를 리더로 만드는가? "당신이 위대한 관리자라면, 부하 직원들이 당신을 리더로 만들 것입니다. 그들이 당신을 리더로 만드는 것이지, 당신 스스로 리더가 되는 것은 아닙니다." 빌 캠벨의 말이다. 실제 그는 초임 사장에게 이렇게 말했다. "사장이라는 직책으로 당신은 관리자가 되었지만, 당신을 리더로 만든 것은 사람들입니다." 하버드 경영대학원 린다 힐 교수도 관리자의 권위는 "관리자가 부하 직원, 동료들 그리고 자신의 상사들과 신뢰를 쌓을수록 생긴다."라고 강조했다.

우리는 리더로서 직원들의 존경을 얻기보다 그들에게 자신을 존경해 달라고 강요하지 않았는지 반성해 볼 시점이다. 캠벨은 "이제 겸손해지기 프로젝트, 이타심 프로젝트라고 생각하고 회사와 부하 직원들을 진심으로 생각한다는 것을 보여 주세요."라고 조언했다. 그러면서 존중과 신뢰를 강조했다. 존중이란 사람이 가진 고유한 커리어의 목표를 이해하고 그들의 삶에서 내리는 선택을 섬세하게 헤아리고 그들이 목표를 달성할 수 있도록 도움을 주는 것이고, 신뢰란 사람들이 자신의 일을 하고 의사결정을 내리는 데 자유를 주는 것이라고 했다.

그는 회사나 조직을 운영한다면 정말로 좋은 사람들과 함께해야 한다고 강조했다. 그는 사람들에게서 네 가지 특성을 원했다. 첫째, 스마트한 사람이다. 이는 학문적인 의미보다는 업무에서 다른 분야를 빠르게 습득하고 공통점을 연결하는 능력을 말한다. 즉 통합적 사고라 할 수 있다. 둘째, 근면하고 셋째, 진실한 사람이다. 마지막으로 그릿GRIT을 가져야 한다고 했는데 이는 쓰러져도 다시 일어서서 새롭게 시작할 수 있는 열정과 끈기를 의미한다.

그릿은 미국의 심리학자 엔젤라 더크워스가 개념화한 것으로 성장 Growth, 회복력 Resilience, 내재적 동기 Intrinsic Motivation, 끈기 Tenacity 의 약자로 단순한 열정이 아니라 낙담하지 않으며 성공에 결정적인 역할을 하는 용기를 뜻한다. 그리고 여기에 캠벨은 팀을 우선시하는 태도를 강조했다. 즉 팀 퍼스트 Team First 는 팀의 승리가 무엇보다 중요하다는 의미이다.

팀을 우선시하는 태도는 찰스 다윈의 『인간의 유래』에 잘 나와 있다. "높은 수준의 애국심, 충성심, 복종심, 용기, 동정심을 소유하여 부족 내의 다른 이들을 돕고 공동의 선을 위해 자신을 기꺼이 희생하려는 사람들이 많은 부족일수록 다른 부족을 압도하게 될 것이다. 바로 이것이 자연선택이라고 할 수 있다." 캠벨은 리더들에게 늘 다음 여섯 가지를 강조했다.

• 제품이 뛰어나지 않으면 마케팅은 부질없다.

- 회사는 신뢰를 먹고사는 집단이다.
- 새로운 시도를 하되 자리 잡은 사업을 희생시키지 마라.
- 회사의 정체성을 설계하라.
- 분란이 발생하면 즉시 해결하라.
- 칭찬과 비판은 오해가 없도록 명료하게 하라.

그는 "당신의 밤잠을 설치게 만드는 것은 무엇입니까?"라는 질문을 받고 항상 똑같은 대답을 했다고 한다. "사람이 먼저입니다. 부하 직원의 안녕과 성공입니다." 이 대답은 모든 리더에게 적용되어야 하지 않을까?

당신은 리더로서 조직 구성원과 어떤 대화도 가능한가? 예를 들면 당신이 자신의 회사에 기술적인 배경이 없는 리더라고 하더라도 엔지니어들과 기술적 대화가 통하는가? 필자와 코칭 대화를 하는 글로벌 반도체 부품회사 인사 담당 L 임원은 이 질문을 받고 회사 내 기술분야와 관련해 세 개의 스터디 그룹을 만들어 매주 번갈아가며 공부를 시작했다. 리더는 조직 구성원과 대화를 하기 위해 그들이 가장 중요시하는 관심사항을 이해할 수 있어야 한다. 리더가 끊임없이 공부해야 하는 이유이다.

코로나로 상황이 급변하고 매우 어려운 시기에 리더인 내 곁에 빌 캠벨과 같은 코치 겸 멘토가 더욱 필요하지 않을까? 까칠하기로 유명한 스티브 잡스마저 캠벨에게 모든 고민을 털어 놓은 이유는 무엇이었을까? 그들은 주말마다 1시간씩 스탠포드대 교정을 같이 산책했다고 한다. 그는 잡스의 투병을 누구보다도 먼저 알았지만 끝까지 비밀에 부쳤다.

잡스는 2008년도 Fortune 인터뷰에서 빌 캠벨에 대해 이렇게 말했다. "그는 사람을 좋아했고 무엇보다도 사람을 성장시키는 일을 사랑했다." 잡스가 한 이 말의 의미를 되새기는 시간이 되었으면 한다. 진정한 리더로 성장하는 길이 여기에 있다.

생각해 볼 화두

1. 나는 리더로서 부하 직원의 안녕과 성공을 위해 무엇을 어떻게 하고 있는가?
2. 내 곁에 빌 캠벨과 같은 코치 겸 멘토는 누구인가? 그는 나에게 어떤 영향력을 미치고 있는가?

행복한 리더가 끝까지 간다

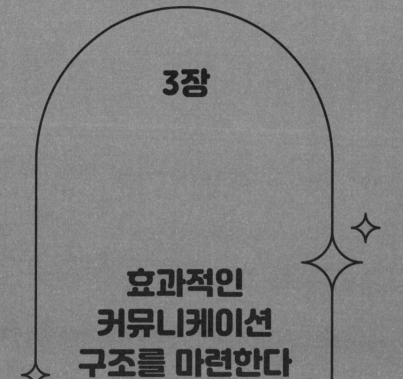

3장

효과적인
커뮤니케이션
구조를 마련한다

01

어려울수록 명료한 메시지와
공감 소통이 필요하다

제4차 산업혁명에 코로나19 사태까지 경영환경은 그야말로 무척 어려운 상황이다. 만약 4차 산업혁명과 코로나가 싸움을 한다고 상상하면 과연 어느 편이 이길까? 이것은 사자와 호랑이의 싸움과 비교될 수 있을까? 아니면 용호상박 龍虎相搏 이라고 할 수 있을까?

인류는 유목사회, 농업사회를 거쳐 산업사회를 통해 부 富 를 축적하며 경제 성장을 이루어 왔다. 증기기관과 전기의 발명을 통해 기계화, 대량 생산의 기반을 다진 이후 가장 큰 변화는 무엇이었을까? 아마 1946년 애니악이란 컴퓨터의 발명이 가져온 정보화 혁명이 전환점이 되었다고 본다. 그래서 문명사에 새로운 BC와 AC가 생겨났다. 즉 컴퓨터가 인터넷, 모바일 스마트폰으로 진화되어 우리 생활에 유의미한 변화를 가져왔기에 BC Before Computer 와 AC After Computer 라고 불린다. 초기

컴퓨터가 슈퍼컴퓨터로 진화되어 인공지능^AI , 빅데이터, 클라우드, 사물인터넷^IoT 등을 기반으로 한 4차 산업혁명이 됐다.

이제 또 다른 BC와 AC가 나타났다. 바로 코로나 이전과 이후로 불리는 BC ^Before Coronavirus 와 AC ^After Coronavirus 다. 코로나가 의료 보건 분야뿐만 아니라 경제, 사회, 문화 등 모든 분야에 엄청난 변화를 가져왔기 때문이다. 전문가들조차 언제 종식될지 예측하기 어렵다고 한다.

이러한 상황에서 CEO와 리더는 어떤 역할을 해야 할까? 이 위기 상황에 조직 구성원에게 어떤 메시지를 던지느냐가 제일 중요하다고 볼 수 있다. 어려움을 함께 극복하는 메시지는 무엇이 되어야 할까? 다음 질문을 참고해 조직 구성원들의 의견을 수렴한 후 자사 상황에 맞게 명료하게 제시해야 할 것이다.

- 우리 회사의 존재 목적인 미션이 이 상황에서도 유효한가? 생존이 화두라면 어떻게 해야 하나?
- 4차 산업혁명과 코로나 상황이 우리의 강점과 결합된 기회요인은 무엇인가?
- 우리 회사는 인류의 미래에 무엇을 어떻게 공헌할 것인가?
- 우리 회사가 처해 있는 생태계의 유지 및 성장 발전을 위해서 무엇을 협업할 것인가?

다음은 자사의 메시지를 조직 구성원과 어떻게 공유하고 실천할 것인지 생각해 봐야 하는데, 이는 소통의 문제다. 특히 시대 문화적 배경과 살아온 방식이 서로 다른 조직 내 베이비부머 세대, X세대, 밀레니얼 세대와 Z세대가 함께 공존하는 상황에서 어떻게 소통할 것인가? 이것이 관건이다. 최근 대한상공회의소가 발표한 '직장 내 세대 갈등과 기업문화 종합 진단'에 따르면 직장인 63.7%가 세대 차이를 느끼고 있다. 특히 2030세대는 세대 갈등이라고 느끼며 답답해했다. 이 조사에서 제시한 소통 관련 다음 질문에 조직 구성원 서로 마음으로 소통하는 방법을 찾아야 할 것이다.

- "조직이 부여한 일이라면 묵묵히 수행해야 한다"고 생각하는 2030세대는 20.9%뿐이었는데 그들에게 진정으로 다가가려면 어떻게 해야 할까?
- "조직을 위해 개인을 희생할 수 있다"에서 20대 35.2%, 30대 33.5%, 40대 47.4%, 50대 이상 66.7%로 조사되었는데 어떻게 구성원들을 조직에 몰입하도록 할 것인가?
- "일을 잘하고 싶다"에서 20대 93.6%, 30대 93.5%, 40대 95.2%, 50대 이상 96.1%로 매우 높은데 반하여 "나는 일에서 재미, 성취감을 느낀다"는 20대 47.4%, 30대 51.1%, 40대 62.8%, 50대 이상 74.1%로 차이가 심하다. 어떻게 재미, 성취감을 느끼며 일을 잘하고 싶게 만들 수 있을까?

이제 조직의 방향성을 확실히 하고 위기상황을 구성원과 함께 공유하면서 장단기 성과를 내는 리더십이 요구된다. 리더는 조직 구성원을 존중하고, 그들이 전권을 수행 가능케 자율성을 주며, 그들이 창의력을 발휘할 수 있도록 열린 질문과 경청, 인정, 칭찬의 피드백을 해 주는 소통의 코치형 리더십을 발휘해야 한다. 창조와 도전의 역사를 이어가려면 과거부터 익숙했던 Push 방식보다 그들이 스스로 무한한 잠재력을 이끌어 내도록 Pull 방식의 코치형 리더십이 더욱 필요하다.

이 과정에서 리더와 조직 구성원의 공감이 바탕이 되어야 한다. 리더가 "우리가 함께하면 산॥도 움직일 수 있습니다." 또는 "당신이 성공하도록 돕는 것이 나의 보람입니다." 이렇게 이야기하면서 우리의 과제를 함께 실천하면 어떨까?

"소통은 스킬(머리)로 하는 것이 아니라 공감(가슴)으로 하는 것이다." 하그로브 박사의 말이다. 당신이 진정한 리더라면 이 말을 곱씹어 보았으면 한다.

생각해 볼 화두

1. 리더로서 명료한 메시지를 전달하려면 어떻게 하면 좋을까?
2. "소통은 스킬(머리)로 하는 것이 아니라 공감(가슴)으로 하는 것"이라는데 나는 실제 어떻게 하고 있나?

02

당신은 **어떻게 소통**하는가?

　기업을 둘러싸고 있는 환경이 만만치 않은 상황이다. 코로나 팬데 믹으로 일부 업종이나 품목에서 코로나 특수가 있는 것도 사실이지만 어려워진 기업이 너무 많다. 특히 중견 및 중소기업의 타격이 크다. 이러한 상황에서 조직의 책임자인 리더들은 어떤 리더십을 발휘하고 소통해야 할까? 필자가 코칭 현장에서 만난 경영자나 팀장 그리고 조직 생활을 하고 있는 경영대학원 원우들과의 대화에서 큰 시사점을 찾을 수 있었다.

　먼저 리더로서 통합적 사고와 이에 따른 전략과 실행이다. 조직 책임자로서 업무를 보는 관점의 재정립이 필요한 시점이다. 가령 우리 회사 업종의 미래 트렌드와 생태계는 어떠한가? 자신의 부서 입장만이 아닌 회사 전체 입장이라면 어떻게 하는 것이 더 바람직한가? 그리고 시기적으로 지금 하고 있는 업무의 결과가 3~5년 뒤 어떤 영향을 미치게 될까? 즉 지금 당장 중요하지만 업무의 범위와 기간을 폭넓게 살펴보는 균형감이 필요하다.

그리고 추구하는 목표를 달성하기 위해서는 일하는 방식에 대한 성찰도 필요하다. 이는 개별 기업의 조직문화와도 관련이 깊고, 조직 구성원과 어떻게 소통하느냐에 따라 목표달성의 효과성이 달라진다. 리더십과 소통방식에 있어 정답은 없지만 회사가 처해 있는 환경과 조직 구성원의 신념과 욕구에 적합한 방법을 실행해야 할 것이다. 몇 가지 사례를 소개한다.

A 경영자의 이야기이다. "저는 코칭을 접하기 전 코칭이란 단순히 가르치는 것이라고 생각했습니다. 그러나 코칭이란 개인의 자아실현을 서포팅하는 시스템이란 것을 알게 되었고 이제는 구성원의 성장을 도와 그들이 스스로 능력을 발휘하게 하여 지속 가능한 성과를 낼 수 있도록 코치형 리더가 되겠습니다." 그동안 어떤 점을 반성하느냐는 질문에 신뢰와 친밀감 쌓기에서 미흡했고, 돌이켜보면 늘 먼저 자신이 하고 싶은 이야기를 하고, 질문을 던지기는 하지만 구성원들이 답변하기도 전에 자신의 생각을 이야기하고 동의하도록 독촉했다고 고백했다.

B 팀장은 이렇게 말했다. "요즘 기업의 조직문화는 수직적 조직문화에서 수평적 조직문화로 바뀌어 가고 있다. 따라서 소통과 공감의 리

더가 각광받는 시대로 접어들고 있다." 그는 상대방이 말하는 내용을 경청한 후 최대한 자기중심성을 버리고, 사실을 기반으로 섣부른 해석과 판단, 조언을 하지 않겠다고 했다. 특히 대화할 때 부정적인 언어보다 긍정적인 언어를 사용하여 신뢰를 쌓으면서 상대방과 관계성을 형성하겠다고 다짐했다.

C 팀장은 소통 과정에서 방어적 루틴을 배움의 기회로 활용하겠다고 했다. 개인이나 집단은 당혹감이나 위협을 피하기 위해 대화를 단절시키거나, 비위를 맞추거나, 이기기 위해 자신의 입장을 고수하는 등 방어적 행동을 하는데 자신도 이에 해당된다고 했다. 그는 이러한 방어적 루틴을 깨기 위해 셀프 코칭을 해야겠다고 다짐했다. "나의 견해가 부하 직원의 도전적인 욕구를 억누르지는 않는가? 나는 왜 이 사안에 대해 소극적일까?" 등 스스로 묻고 답하면서 방어적 루틴에서 벗어나 새로운 시각으로 소통하는 중요한 터닝 포인트를 만들겠다고 했다.

D 팀장은 리더십과 소통을 위한 자신의 사명서를 보여 주었다. "나의 사명은 빛나는 옥석을 가다듬어 세상에 빛이 되게 하는 것이다. 이를 위해 1) 나는 상대방의 어떠함이나 상대방의 감정이 아니라 일관된 마음으로 대한다. 2) 나와 상대방은 모든 것이 가능하고 모든 상황을 변화시킬 수 있다. 3) 나의 현재 태도에 따라 나의 미래 존재가 결정된다. 4) 사람은 누구나 부족하고 누구나 실수를 한다는 관점에서 나의 모든 이해는 시작된다. 5) 상대방과 진정한 관계는 상대방을 사랑하고

헌신하고 이해하는 것이다." 아울러 그는 "당신은 당신 안에 있는 무한한 가능성을 믿습니까?"라고 리더들에게 질문을 하고 싶다면서 스티브 잡스의 사례를 들었다.

필자는 그들과의 대화에서 심리학의 라벨 효과를 이야기했다. 이는 사람은 보통 다른 사람들이 라벨을 붙여주면 그 라벨대로 행동하려고 한다는 것이다. 예를 들어 "당신은 마음이 무척 넓고 모든 사람에게 친절합니다."라는 긍정 라벨을 붙여주면 상대방은 정말로 마음이 넓어지고 친절하게 행동하게 된다. 반면에 "당신은 매사가 왜 이 모양이야!"처럼 부정 라벨을 붙여주면 자신을 탓하게 되고 상호 관계도 나빠지게 된다.

노스웨스턴대 리처드 밀러교수는 시카고의 공립 초등학교에서 실험을 했다. 몇 개 학급의 담임선생님에게 부탁하여 "모두 깔끔하구나!"라는 라벨을 학생들에게 붙이게 했더니 82% 이상의 학생들이 쓰레기를 보면 주워서 휴지통에 버리기 시작했다고 한다. 반면 그런 라벨을 붙이지 않은 학급에서는 쓰레기가 떨어져 있어도 무시하는 학생이 많았고, 쓰레기를 줍는 학생은 약 27%에 불과했다고 한다.

그렇다면 리더인 당신은 무엇을 해야 할까? 무엇보다 조직 구성원 개인별로 관심을 갖고 강점을 찾아 좋은 라벨을 붙여주어야 한다. 가능하다면 가급적 긍정의 언어를 사용해야 한다. "말 한마디에 천 냥 빚을

갚는다."와 같은 속담은 누구와 소통하더라도 인간관계에서 언제나 유효하다. 당신은 지금 어떻게 소통하고 있는가? 곰곰이 생각해보았으면 한다.

생각해 볼 화두

1. 당신이 경험한 심리학의 '라벨 효과'에는 어떤 내용이 있는가?
2. 조직 구성원의 신념과 욕구에 적합한 소통 방법 3가지를 생각해 본다면?

'오피스 아워'가 필요한 이유

임원 코칭 세션에서 가장 많이 나오는 주제가 있다. 소통, 협력, 도전, 창조, 변화 등이다. 이 중 가장 근본이 되는 것이 '소통'이다. 이것이 다른 것에 영향을 주기 때문이다. 최근 모 임원과 "친숙하고 쉽게 다가갈 수 있는 임원 되기"라는 주제로 대화를 했다. 이 자리에서 그는 "주기적인 인포멀 Informal 커뮤니케이션에 대한 기법"을 알고 싶어 했다.

이에 대한 코칭 대화를 했다. 대화를 마치면서 제안을 했다. 바로 '오피스 아워 Office Hour '다. 오피스 아워는 교수들이 수업과 별개로 사전 면담시간을 지정해 학생들이 전공, 진로 등을 자유롭게 면담을 할 수 있게 한 제도다. 필자가 포스텍에 근무할 때 업무에 바쁜 총장도 이 제도를 운영했었다. 매월 오피스 아워를 사전에 공지하고 그 시간에는 교수, 학생, 직원 관계없이 먼저 예약한 사람이 자유롭게 면담하는 것이다.

필자도 좋은 제도임을 깨닫고 실천했다. 직원들과 필자의 수업을 듣는 학생들에게 매주 금요일 일정 시간을 사전에 공지하고 찾아올 수 있도록 사무실 문을 개방했다. 면담하고 싶은 사항이 있어도 처음에는 "과연 편하게 이야기할 수 있을까?" 반신반의했다. 면담 후 마음이 편해졌다는 소문(?)이 나자 바로 활성화됐다. 가령 "평소 하고 싶었던 이야기를 들어주시니 제 속이 후련합니다." 같은 호의적인 반응이 나왔다. 그렇다면 오피스 아워 효과를 극대화하려면 무엇을 해야 할까?

첫째, 진정성이다. 즉 리더의 열린 마음이다. 면담을 하기 위해 찾아오는 직원들과 진정성 있게 소통하고자 하는 마음이 우선이다. 형식적이고 가식적인 것은 금물이다. 가장 중요한 것은 그들 이야기를 경청하는 것이다. 리더는 가능한 한 적게 말하고 질문을 한다. 한편 그들이 용기를 내어 왔기 때문에 격려도 필요하다. 다시 찾아오게 할 수 있으면 성공적이다.

둘째, 명확한 공지다. 조직 구성원 모두가 이 제도가 시행되고 있음을 인지할 수 있어야 한다. 일부에만 공개하는 것은 오히려 역효과가 난다. 그들만의 대화(?)라고 인식하면 곤란하다. 누구든지 찾아올 수 있게 개방되어야 한다. 그리고 예약 순서대로 진행한다. 필요시 소속 부서가 아닌 유관 부서 직원들과 소통을 하고 싶으면 사전에 그 부서 책임자와 상의해 허락을 받아 공지한다.

셋째, 비밀 보장이다. 직원들이 오피스 아워를 믿을 수 있어야 한다. 어떤 대화도 가능하다는 게 전제다. 다만 법규 위반이나 사회 통념상 어긋나는 내용은 대상이 아니다. 만약 그런 이야기를 하면 윤리적으로 곤란함을 대화 중에 표현해야 한다. 물론 대화 내용은 비공개가 원칙이다. 그러나 내용이 유익하여 여러 사람들과 공유할 필요가 있다고 판단되면 상대방에게 사전 동의를 얻어 할 수 있다.

필자가 제안한 오피스 아워를 실천한 임원들 반응은 무척 뜨거웠다. A 임원은 오피스 아워 이후 조직 분위기가 밝아졌고 직원들이 좋아한다고 했다. B 임원은 소통에 큰 도움이 되었으며 시간을 더 확대해야겠다고 피드백했다. 조직 내 소통이 막힌 느낌이 들 때 오피스 아워 처방을 해 보았으면 한다. 업무상 시간을 내기 쉽지 않겠지만 일단 실행하면 큰 효과를 볼 것이다. 소통이 만사다.

생각해 볼 화두

1. 조직 구성원들이 리더에게 선뜻 다가오지 못하는 이유는 무엇인가?
2. '오피스 아워'의 효과성을 위해 앞서 제시한 3가지 외 필수적인 요소가 있다면 무엇인가?

04

리더로서
자기 표현력을 키워라!

리더로서 조직생활을 하는 데 가장 중요한 능력은 무엇일까? 전문가마다 처방이 다를 수 있다. 피터 드러커는 인간에게 가장 중요한 능력은 자기 표현력이며 현대 경영이나 관리는 커뮤니케이션으로 좌우된다고 했다. 자기 표현력과 커뮤니케이션은 조직생활의 성장과 행복 차원에서 같은 목적을 가진 동전의 양면이라고 생각한다.

코로나 팬데믹의 비대면 사회에서 자기 표현력과 커뮤니케이션은 한층 더 중요해졌다. 조직생활을 하면서 이번 기회에 자신을 돌아보고 적극적으로 추진해야 할 것과 피해야 할 것을 살펴보고자 한다.

첫째, 리더로서 자신이 진정으로 표현하고 싶고 주장하고 싶은 것을 어떻게 표현하면 좋을까? 자기표현과 의사소통을 하는 데 있어 주로 말로 하는가? 아니면 글로 하는가? 이 부분은 상황에 맞게 활용해야 한다. 비대면 상황에서 메일이나 SNS 등 글로 표현하는 상황이 늘어나고 있다. 특히 감정이 다소 격해진 상황에서는 말로 표현하기보다 한 템포 늦추어 글로 표현할 경우 보다 정제되고 설득력도 갖추게 된다. 모 회사 A 팀장은 업무상 이슈가 있어 상대하기 불편했던 동료 팀장과 얼굴 붉어지는 상황이 예상되었는데 SNS로 소통하여 관계가 좋아졌다는 피드백을 필자에게 주었다.

이는 리더 자신뿐만 아니라 본인의 상사가 어떤 스타일이냐에 따른 대응에도 중요하다. 어떤 상사는 보고서를 가지고 가도 "보고서는 나중에 천천히 볼 테니 요점을 이야기해 보세요." 하고 또 어떤 상사는 그냥 구두로 보고하러 갔는데 "보고서 내 봐요. 읽어볼게요." 한다. 여기에서 자신의 스타일보다 상대방의 선호에 맞추는 것이 효과적인 의사소통이라는 점을 인식하고 적절하게 대응해야 한다.

표현을 할 때 사실 fact 과 더불어 이에 어떤 의미를 부여하는가도 중요하다. 사실에 자신의 생각과 감정을 어떻게 표현하느냐가 자기표현과 의사소통의 백미이다. 따라서 커뮤니케이션할 때는 마음의 평정심이 요구된다. 짧은 명상이나 심호흡도 큰 도움이 된다. 이때 표정과 침묵도 유용한 자기표현이며 훌륭한 의사소통이 될 수 있다. 석가모니가 연꽃을 대중에게 들어 보이니 그때 제자인 가섭이 그 뜻을 알아 미소를 지었다는 염화시중의 미소는 보통 사람에게 어려울 수 있지만, 바디

랭귀지 Body Language 가 서로에게 주는 의미가 매우 크다는 점을 활용해 보면 좋겠다.

둘째, 자신의 주장이 항상 옳다고 생각하는 이유는 무엇인가? 이는 가능한 한 피해야 할 부분이다. 어찌 보면 우리는 과잉 신념의 시대에 살고 있다. 리더로서 필터 버블 Filter Bubble 현상을 경계하고 있는가? 이는 대형 인터넷 정보기술 업체가 개인 성향에 맞춘(필터링 된) 정보만을 제공하여 비슷한 성향의 이용자를 한 버블 안에 가두는 현상을 지칭한다. 미국 온라인 시민단체 무브온 이사장인 엘리 프레이저 Eli Pariser 가 쓴 책 『생각의 조정자들』에서 제기한 개념이다.

필터 버블은 방대한 정보 가운데 이용자 자신에게 필요한 정보만을 받게 하는 장점도 있지만 위험성도 존재한다. 이용자가 특정 정보만 편식하게 되어 자신의 고정관념과 편견을 더욱 강화하는 계기가 될 수 있다. 자신의 잘못된 신념이나 편향된 인식을 상대방에게 강요함으로써 상호 윈-윈의 커뮤니케이션을 저해할 수 있다. 비유하자면 싱싱한 풀을 원하는 소와 맛있는 살코기를 원하는 사자가 서로 사랑하지만 상대방 입장을 이해하지 못하고 자기가 원하는 것만을 상대방에게 제공하는 우를 범하지 말아야 한다.

이와 같은 고정관념과 편향된 인식에서 탈피하기 위해 객관적인 피드백을 주기적으로 받으면서 표현하고 소통해야 한다. 필자는 조직

생활 시 피드백을 꺼려하는 조직 구성원들에 이렇게 이야기했다. 업무적으로나 개인적으로 나의 강점과 칭찬 1~2개를 먼저 이야기해주고 이어서 내가 개선할 점 한 가지를 반드시 이야기해 달라고 했다. 왜냐하면 처음부터 개선할 점을 요청하면 대부분 이야기하기를 망설이기 때문이다. 여기서 초점은 고정관점과 편견에서 벗어나게 하는 개선할 점이다.

리더로서 조직 구성원이나 이해관계자와 대화 시 "우리가 이런 대화를 나누는 것이 당신에게 유익합니까?"라고 물을 수 있어야 한다. 대답이 긍정적이거나 사람들이 열의를 느끼면 진행을 이어가지만, 정반대의 피드백이 나온다면 이때가 자신이 변화를 해야 하는 적기임을 겸허하게 받아들여야 한다. 훌륭한 리더로 지속 성장하려면 자신에게 변화를 가져오게 할 피드백을 이끌어 내는 능력도 요구된다.

생각해 볼 화두

1. 나는 리더로서 주로 말로 표현하는가? 아니면 보고서 등 글을 선호하는가?
   나의 상사의 경우는?
2. 나는 리더로서 필터 버블 현상을 어떻게 인식하고 있는가?
   이를 경계하기 위해 어떻게 피드백을 받아야 하는가?

행복한 리더가 끝까지 간다

05

생존하려면
감성 리더가 되라!

리더에게 감성지능이 얼마나 중요할까? 모 회사 CEO와 코칭 대화를 할 때 그가 궁금해했다. 그는 "감성지능에 어떤 것이 포함되고 과연 개발이 가능한가요?"라고 질문했다. 감성지능에 대해 머리로는 이해가 되는데 실제 행동은 잘 따라주지 않는다고 토로했다. 특히 직원들을 인정, 칭찬, 격려하라고 요청을 받고 있음에도 현실에서는 지시, 명령 때로는 질책이 앞선다고 했다.

다니엘 골만은 감성지능 분야 전문가다. 그는 가장 효율적인 리더들은 한 가지 중요한 부분에서 공통점을 가지고 있다고 얘기했다. 효율적인 리더들은 감성지능 Emotional Intellgence 능력이 높다는 것이다. 물론 IQ와 전문성이 효율적인 리더와 상관없다는 건 아니다. 어떤 사람이 최고의 직무교육을 받았고, 예리한 분석력을 가지고 있고, 아이디어가 끊임없이 나온다고 해도 감성지능이 없다면 훌륭한 리더가 될 수 없다고 했다. 그가 주장하는 감성지능 영역은 다섯 가지로 자기인식, 자기규제, 동기부여, 공감 능력, 사교 능력이다.

첫째, 자기인식이란 자신의 강점과 약점을 바로 아는 것이다. 특정 대상에 대한 자신의 감정을 정확히 인식하는 것이다. **둘째, 자기규제란 감정의 노예가 되지 않도록 만들어 주는 것이다.** 즉 감정을 상황에 맞게 잘 다루어 조절을 하는 것이다. 예를 들면 승진한 사람이 승진 못 한 사람들 앞에서 표정을 잘 관리한다면 감정 조절을 잘하고 있는 것이다. **셋째, 동기부여란 스스로의 기준에 맞춰 성과를 즐기는 것이다.** 여기서 중요한 것은 어려움 속에서도 낙관적 태도를 유지하는 것이다. **넷째, 공감 능력이란 다른 사람들의 감정을 이해하는 능력이다.** 즉 입장 바꿔 생각해보는 역지사지 능력이다. **다섯째, 사교 능력이란 다른 사람들을 원하는 방향으로 이끌기 위해 좋은 관계를 쌓아가는 것이다.**

순서적으로 앞의 세 가지는 자기를 관리하는 기술이고 나머지 두 가지는 대인관계 기술이다. 여기서 감성지능을 기업 경영과 관련하여 몇 가지 살펴보자.

첫째, 감성지능과 영향력 관계다.
감성지능의 자기규제는 트리클 다운 효과 Trickle Down effect 를 가지고 있다. 예를 들면, 자신의 리더가 침착한 사람이면 직원들도 덩달아 침

착하게 행동하는 것이다. 조직의 상층부가 감정에 이끌리지 않는다면 조직 전체에 매우 바람직한 분위기를 만들게 된다. 이와 반대로 조직의 리더가 충동적이면 어떻게 되겠는가? 리더의 감성지능은 조직문화에 대단히 큰 영향력을 미치게 된다.

둘째, 감성지능과 창의성 관계다.

4차 산업혁명시대 창의성이 더욱 요구되고 있다. 학자들의 연구에 따르면 긍정적이고 낙관적인 감정을 가진 사람들은 부정적인 감정을 가진 사람들보다 더 창의적인 경향이 있다. 그 결과 독창적인 아이디어를 생산한다. 긍정적인 감정을 경험하는 사람들은 보다 융통성이 있고 개방적인 사고를 하기 때문이다.

셋째, 감성지능과 의사결정 관계다.

전통적으로 경제학자들은 의사결정을 함에 있어 사람들을 경제적이고 합리적인 인간 economic and rational man 으로 가정했다. 그러나 현실은 어떤가? 합리적인 방법을 추구하지만 최적의 합리성은 제한되어 있고 감정과 직관에 의해 의사결정을 하는 경우도 많다. 특히 감정 조절을 못 하여 화가 났을 때 어떤 의사결정을 하면 판단력이 흐려져 잘못된 결정으로 흐르기 쉽다. 우리가 자기인식을 유지해야 하는 이유다.

2017년 노벨 경제학상을 수상한 행동 경제학자 리처드 탈러의 "똑똑한 사람들의 멍청한 선택"이란 주장이 생각난다. 그는 저서 『넛지』에서 이렇게 말한다. 일반 경제학 이론은 사람들이 대단히 이성적이고 감정과는 거리가 먼 존재라고 가정하지만, 현실 속 인간은 종종 잘못된 행동을 저지른다. 자신과 상대방의 감정을 느낄 수 있는 심리학이 요구되는 대목이다.

넷째, 감성지능과 인간관계다.

통상 인간관계가 좋은 리더를 본능적으로 좋은 리더라고 생각하는 경향이 있다. 리더의 역할은 조직 구성원을 통해 일이 이루어지게 하는 것이다. 이런 측면에서 공감 능력과 사교 능력은 무척 중요하다. 본인과 직원들이 가지고 있는 IQ와 전문성을 더욱 발휘하게 하려면 감성지능을 활용하는 리더십이 필요하다.

다섯째, 감성지능과 성과 창출 관계다.

이는 실제 비즈니스 현장에서 검증되었다. 데이비드 맥클레란 연구에 따르면 글로벌 음식료업체를 조사한 결과 관리자가 높은 수준의 감성지능을 보유하고 있을 경우, 그가 운영하는 부서는 연간 수익 목표를 20%씩 초과 달성하는 것으로 나타났다. 반면 감성지능이 낮은 부서 관리자들은 20% 정도 성과가 떨어지는 것으로 나타났다. 흥미로운 점은 이 회사의 미국 본사뿐만 아니라 유럽, 아시아 지사에서도 똑같은 결과로 나타났다는 것이다.

감성지능이 중요한 시대다. 알랜 랭어 하버드대 심리학 교수는 '마음 챙김'이라는 용어를 제시했다. 이는 새로운 정보나 다양한 관점을 대하는 태도가 개방적일 때의 상태라고 한다. 그녀는 자신이 또는 다른 사람이 그렇게 행동한 이유가 무엇인지 질문하는 것만으로도 우리는 그 행동의 동기를 이해할 수 있다고 말했다.

그녀가 이야기한 남편과 아내의 이야기를 조직에 대입하면 이렇게 된다. 사람들은 상사 또는 부하가 변했다고 불평하지만 어쩌면 변한 것은 그들의 행동이 아니라 그 행동에 대한 우리의 감정일지도 모른다.

다니엘 골만이 이야기한 동료나 코치의 도움을 받으면서 노력하고 연습하면 감성지능을 강화할 수 있다는 것을 그 CEO에게 소개했다. 그의 얼굴이 이내 환해지는 것을 느꼈다. 성과로 메말라가는 당신의 감성을 챙겨보자.

생각해 볼 화두

1. 조직의 성과 달성과 감성지능은 어떤 관계일까?
2. 사람들이 의사 결정을 내릴 때 경제적이고 합리적인 인간이라고 가정하는 데 당신은 얼마나 동의하는가?

06

상사와 소통 **이렇게** 하라!

　모 회사 부사장이 몹시 못마땅하고 심각하게 필자에게 얘기했다. 사장이 본인에게 전권을 주고 새로운 본부장을 맡겼는데 3개월 만에 심하게 간섭을 시작했다는 것이다. 예를 들면 본부 조직을 개편하라든지, 기존 인력을 일부 감축하고 경력직을 채용해 쓰라는 식이다. 그는 "이제 본부 직원과 합심해서 새롭게 변화하려는 시점인데 이게 무슨 날벼락입니까?"라고 했다. 그러면서 "지금까지 상사와 소통에 자신감이 있었는데 이제는 너무 어렵네요."라며 속내를 드러냈다.

　필자는 왜 이런 상황이 발생했고 사장이 그렇게 하는 의도가 무엇인지 질문하고 이야기를 경청했다. 그는 자신이 무시당하는 느낌이고 무엇보다도 자신의 존재감에 대한 상실이 컸다며 하소연했다. 예를 들면 소속직원들이 함께한 회의에서 사장이 일부 직원들의 역량과 태도를 문제 삼았다는 것이다. 그는 "사장님께서 언급한 직원은 사장님의 직원인 동시에 저의 직원이며 그들은 지금 최선을 다하고 있습니다." 라고 항변(?)했다는 것이다. 아울러 "이렇게 한 것이 잘못되었나요?"라 고 물었다.

『상사와 소통은 성공의 열쇠』의 저자 류호택 박사는 "성공하고 싶 은가? 상사와 더 소통하라."라고 말한다. 그는 상사와 커뮤니케이션은 부하와 커뮤니케이션하는 것보다 수십 배 어렵지만 그래도 해야 한다 고 강조했다. 우선 상사와 싸움은 진 싸움이라고 생각하라고 주문한다. 왜냐면 상사가 인사권자이기 때문이다. 싸움은 다른 사람을 바꾸려는 데서 시작한다. 그러나 상사를 바꾸기보다 부하인 자기 자신을 바꾸는 것이 훨씬 쉽다. 여기서 상사는 팀장, 임원, 사장 등 모든 계층이 다 포 함된다. 상사와 성공적인 관계를 유지하기 위한 류 박사의 팁 Tip 은 다 음과 같다.

- 상사에게 먼저 다가가라.
- 상사의 기대 수준을 확인하라.
- 상사에게 100% 헌신하라.
- 상사와 주기적인 면담 시간을 확보하라.
- 상사의 관심 분야에서 괄목할 만한 성과를 달성하라.
- 상사가 존중하는 사람들로부터 점수를 따라.

필자는 그 부사장에게 3가지를 제안했다.

첫째, 상황 파악이다. "지금 우리에게 무슨 일이 일어나고 있는가?"에 대한 상황 인식이 중요하다. 왜 상사인 사장이 3개월 전과 지금의 상황을 다르게 인식하느냐 하는 것이다. 상사에게도 상사가 있다. 사장의 경우는 이사회나 고객이 상사일 수 있고, 그들의 욕구도 파악해 봐야 한다. 상사가 의도한 것을 파악하지 못하면 처방이 쉽지 않다. 냉철한 현실 인식이 필요하다.

둘째, 목표 공유다. 상사가 요구하는 기대 수준과 본인이 달성하고자 하는 내용의 갭을 줄이는 것이 중요하다. 여기서 소통 기술이 요구된다. 우선순위 조정, 목표달성 기간 조정, 투입 인력 조정 등에 있어 먼저 선택지를 다양하게 확보해야 한다. 그다음 상사와 소통을 통해 갭을 줄일 수 있어야 한다. 그리고 그 내용을 부하 직원과 어떻게 공유할 것인지 심사숙고해 진정성 있게 소통해야 한다. 상사 지시 사항이므로 무조건 추진하자는 방식은 부하 직원의 수용성을 높이기 어렵기 때문이다.

셋째, 자기 관리다. 상사가 진정 원하는 것이 무엇인가를 성찰해야 한다. 상사는 성과를 내는 사람을 좋아한다. 본인 강점을 활용하여 성과를 내는 것이다. 필자는 그 부사장에게 본인의 강점인 도전정신, 실행력 그리고 이해관계자와 탁월한 커뮤니케이션 능력을 적극 활용할 것을 주문했다. 팀장이든 임원이든 그 직책에 올라가기까지 자기만의 강점은 누구에게나 있다. 이것이 자존감을 높여 주고 성과로 나타난다.

코칭 세션을 마치면서 이렇게 질문했다. "만약에 부사장님께서 70세라고 가정하고 지금 상황을 본다면 스스로에게 어떤 이야기를 해 줄 수 있나요?" 그는 이렇게 대답했다. "아! 이 또한 지나갈 것이고 좋은 경험 추억으로 남으리라 확신합니다. 진심으로 상사와 부하 직원을 대하면서 옳은 일을 하겠습니다."

거짓은 결코 진실을 이길 수 없다고 한다. 그리고 도깨비 방망이 역시 없다. 조직과 상사가 원하는 것을 직시하고 진정성 있게 나아가면 좋은 결과가 있으리라.

생각해 볼 화두

1. 여러분의 상사 또는 고객이 진정으로 원하는 것은 무엇이라 생각하는가?
2. 상사와 고객이 나에게 가장 요구하는 것은 무엇인가?

좋은 질문의 힘은
어디에서 나오는가?

"어떻게 질문을 하면 스스로 잘하고 있다고 느낄 수 있을까요?" 코칭 대화에서 모 임원이 한 말이다. 그는 지시 명령에 익숙해 질문의 중요성은 알지만 실천하기 어렵다고 토로했다. 그 임원에게만 해당되는 문제는 아니다. 필자도 임원 시절 질문보다 명령을 더 많이 했으니까. 그러나 늦었다고 생각할 때가 가장 빠르다.

『질문지능』의 작가 아이작 유는 이렇게 얘기했다. "인간의 생각은 질문에 의해 이끌어진다. 다시 말하자면, 인간의 생각은 정답이 아니라 질문에 의해 그 가지가 뻗는다. 만약 학문의 기초를 세운 사람들이 질문하지 않았다면 학문은 전혀 발전되지 않았을 것이다. 물리학, 생물학, 화학, 수학, 경제학, 정치학과 같은 수많은 학문들은 강렬한 호기심을 가지고 답을 추구해야 했던 질문들에 의해서 태동한 것이다." 공감이 가는 이야기다.

　유대인의 성공 비결은 질문에 있다. 노벨과학상 수상자 3분의 1이 유대인이라고 한다. 유대인으로 1944년 노벨물리학상을 받은 미국의 이시도어 라비가 유명한 말을 남겼다. "전혀 그런 의도는 아니었지만, 나를 과학자로 만든 분은 내 어머니다. 자녀가 학교 다녀올 때 브루클린에 사는 어머니 대부분은 '그래서 오늘은 무엇을 배웠니?' 하고 묻는다. 하지만 내 어머니는 달랐다. 어머니는 늘 이렇게 물었다. '오늘은 선생님께 어떤 좋은 질문을 했니?' 바로 이 차이가 나를 과학자로 만들었다."

　라비의 어머니는 그가 끊임없이 호기심을 가질 수 있도록 격려했고, 질문을 통해 그가 호기심을 구체화하도록 도왔다. 또한 구체화된 질문에 대한 답을 스스로 찾을 수 있도록 동기부여를 해 주었다. 유대인 어머니들이 끊임없이 아이들에게 질문하는 것은 이런 것이다. "너는 어떻게 생각하니?", "왜 그렇게 생각하니?" 우리에게 교훈점이 아닐 수 없다.

　아인슈타인 이야기다. "만약 내가 한 시간 동안 문제를 해결해야 한다면 55분을 핵심이 되는 훌륭한 질문을 찾고 결정하는 데 보낼 것이다. 만약 그런 좋은 질문을 찾았다면, 나머지 5분 안에 문제를 해결할 수 있을 것이다." 예를 들면 그는 원자, 우주와 관련하여 이렇게 스스로 질문을 던졌다. "시간이란 무엇인가?", "중력은 어떻게 생겼는가?" 물론 아인슈타인처럼 질문하기는 쉽지 않다. 그러나 필자가 코칭 공부를 하면서 느낀 점은 우리에게는 누구나 무한한 잠재력이 있다는 것이다. 질문의 힘은 어디에서 나올까?

첫째, 자신에게 질문할 때다.

연세대 김형철 교수는 소크라테스로부터 지혜를 얻어 철학자답게 이렇게 얘기했다. "당신 자신이 모른다는 사실을 알고 있습니까?" 그는 이것이 지혜를 얻기 위한 첫 번째 질문이라고 했다. 이어서 "나는 항상 옳은가? 나는 무엇을 알고 무엇을 모르는가?" 스스로 끝없이 묻고 답을 찾아가는 것이 리더의 자세라고 했다. 우리는 조직이 요구하는 것을 따르는 데 익숙해져 질문하고 고민하는 과정을 생략하고 있다. 이제부터는 자신에게 먼저 질문을 던져보자.

둘째, 경청할 때다.

경청과 질문은 동전의 양면이다. 질문을 잘하려면 먼저 경청을 잘해야 한다. 필자가 코칭 과정에서 배운 경청 진단에 따르면 이런 것이 있다. ① 나는 대화를 시작하기 전에 의식적으로 마음속에서 개인의 걱정거리나 우려를 지운다. ② 상대방이 나의 의견과 반대되는 정보를 제시해도 계속 경청할 수 있다. ③ 나는 고객이 말을 마치기도 전에 그가 무엇에 관심이 있는지 예측한다. ④ 나는 침묵이 불편하다. ⑤ 나는 다른 일을 하면서도 대화에 집중할 수 있다. 무엇이 제대로 된 경청인지 독자 여러분들이 판단하리라 생각한다.

 탁월한 경청은 말하는 것은 물론 말하지 않는 것도 들을 수 있어야 한다. 그리고 그들의 감정 표현도 들을 수 있어야 한다. 이러한 경청에서 좋은 질문이 나올 수 있다. 다음은 코칭에서 좋은 질문의 예이다. 느낌을 묻는 질문, 존재 ᴮᵉⁱⁿᵍ 에 대한 질문, 이유를 묻는 질문, 도전하는 질문, 생각을 이끌어내는 질문, 동기를 부여하는 질문 등이 있다.

 질문하기 어렵게 느낀다면 주디스 클레이저가 제시한 'LEARN' 기법이 도움이 될 것이다. ① L(Like) 오늘 미팅에서 가장 좋았던 점은 무엇인가요? ② E(Excite) 가장 흥분되었던 점은 무엇인가요? ③ A(Anxiety) 가장 불안했던 점은 무엇입니까? ④ R(Reward) 이 미팅에서 축하해야 할 만한 것이 있다면 무엇인지요? ⑤ N(Need) 계속 전진하기 위해 우리에게 필요한 다음 단계는 무엇일까요?

셋째, 상호 신뢰가 있을 때다.
 대화는 일방적인 독백이 아닌 쌍방 커뮤니케이션이다. 즉 질문과 대답의 상호작용이다. 상호작용이 이루어지려면 신뢰가 기본이다. 예일대 존 바 교수 실험이 인상적이다. 그는 실험참가자들에게 어떤 사람의 정보가 담긴 자료를 나눠준 후 그 사람의 성격 특징을 평가해 보라고 했다. 따뜻한 커피를 들고 있는 사람들은 아이스커피를 들고 있는 참가자들보다 그 사람에 대해 훨씬 더 따뜻한 평가를 내렸다.

그는 "신체의 온도는 우리가 상대를 보는 시선뿐만 아니라 우리 자신의 행동에까지 영향을 주는 것으로 보입니다. 육체적 따뜻함은 다른 사람들을 더 따뜻한 사람들로 보게 해 주고 우리 자신도 따뜻해지도록 합니다. 더 너그럽고 신뢰하는 사람이 되도록 만들어 주는 거죠." 여러분들은 따뜻한 커피를 마시며 대화할 때와 아이스커피를 마시며 대화할 때 신뢰의 분위기가 다를 수 있다는 데 동의하시는지요?

좋은 질문은 나 자신에게나 상대방에게 문제의 핵심과 본질을 꿰뚫어 보게 하고 통찰력을 키워준다. 적어도 일주일에 하나, 1년에 52개 정도 질문을 갖고 생활하자. 이어서 질문도 업데이트하자. 그러면 우리의 미래도 바꿀 수 있다.

생각해 볼 화두

1. 평소 자신에게 어떤 질문을 던지는가? 최근 자신에게 던진 질문 3가지를 적어본다면?
2. 매주 월요일 아침마다 일주일의 계획과 성과 달성을 통한 보람을 느끼기 위해 자신에게 가장 중요한 질문 한 개씩 노트에 적어서 실행하면 어떨까?

행복한 리더가 끝까지 간다

08

고장 난 커뮤니케이션,
어떻게 고칠 수 있을까?

대기업 A 본부장이 필자에게 자기 부서 조직 진단 결과를 보여주었다. 인사부에서 실시한 내용으로 60개 항목에 걸쳐 조사한 내용이었다. 그 결과 개선사항으로 결재 및 보고 방식, 역할과 책임 명확화, 평가의 수용성, 회의 문화 등이 나왔다. 물론 작년보다 개선된 내용도 많으나 조직 전체로 보면 타 부문에 비해 차이가 나는 항목도 있었다. 그가 말했다. "어떻게 하면 좋을까요?"

결국 커뮤니케이션 문제였다. 필자가 조직 생활을 할 때 한 직원이 했던 말이 생각났다. "소통에 있어 윗사람은 자기가 하고 싶은 말을 다 했으면 소통이 잘 되었다고 생각합니다. 그런데 정작 우리들의 말은 제대로 듣지도 않았고 우리는 의견도 내지 못했는데 어떻게 소통이 잘 되었다고 생각하는지 모르겠습니다." 정신이 번쩍 들었다. 결국 진정성 있는 쌍방향 커뮤니케이션을 언급한 것이다. 그러려면 리더의 마인드가 바뀌어야 한다.

아빈저연구소의 『아웃워드 마인드셋 Outward Mindset 』이란 책에는 변화의 시작은 나를 넘어 바라보는 힘에 있다고 했다. 우리는 통상 인워드 마인드셋 Inward Mindset 으로 일하고 있으며 이때에는 초점이 자신에게 맞춰지므로 다른 사람들의 요구사항, 목표, 문제가 보이지 않고 그들을 나의 요구사항, 목표, 문제 해결에 활용할 수 있는 '대상'으로 보게 된다는 것이다.

반면 아웃워드 마인드셋에서는 타인의 요구사항, 목적, 문제를 인식하고 이에 관심을 가진다. 즉 타인을 '사람'으로 보는 것이다. 인워드 마인드셋에서 사람들은 자신을 보호하고 자신의 이익을 챙기는 방법으로 행동하고, 아웃워드 마인드셋에서는 자신들이 성취하고자 하는 공동의 결과물을 보다 더 잘 성취해 낼 수 있도록 생각하고 행동한다. 이러한 입장에서 커뮤니케이션을 하고 리더십을 발휘하는 조직문화를 만들어야 지속 성장하는 건강한 조직이 될 것이다.

사례를 하나 소개하면, 2006년 보잉사에서 포드자동차 CEO로 취임한 멀랠리는 취임 후 얼마 지나지 않아 회사에 문제가 있는데도 모두가 책임감을 느끼지 않는다는 것을 알았다. 당시 포드는 매년 170억 달러의 손해를 보고 있었지만 임직원들은 각자 자신은 잘하고 있다고 믿고 있었다. 그래서 그는 사업계획 검토회의라는 BPR Business Plan Review 회의를 통해 회의실 벽에 수칙 10가지를 붙이고 실천했다.

- 사람이 가장 우선이다.
- 모든 사람이 참여해야 한다.
- 강력한 비전이 있어야 한다.
- 명확한 성과 목표가 있어야 한다.
- 하나의 계획이 있어야 한다.
- 사실과 데이터에 근거해야 한다.
- 방법을 찾겠다는 태도로 계획을 제안한다.
- 서로 존중하고, 경청하고, 도와주며 감사한다.
- 감정 회복의 탄력성을 가진다. 그리고 프로세스를 믿는다.
- 서로와 함께하는 이 여정을 즐기고 재미를 느낀다.

이 중에서 여러분 회사에 맞는 몇 가지만이라도 도입하면 커뮤니케이션 활성화에 유익하리라 생각한다. 리더십 권위자이자 코치인 마셜 골드스미스는 저서 『일 잘하는 당신이 성공을 못하는 20가지 비밀』에서 다음과 같은 것을 지적한다. 가령 과도한 승부욕, 쓸데없는 비평, 파괴적인 말, 부정적인 표현, 잘난 척하기, 격한 감정, 인색한 칭찬, 남의 공 가로채기, 변명, 사과하지 않기, 경청하지 않기 등이다. 리더들이 한 번쯤 되새겨 봐야 할 내용이다. 왜냐하면 쉽게 지나치기 때문이다.

리더십 전문가들은 커뮤니케이션과 리더십에 있어서 감정수용-사고촉진-자발적 행동의 선순환 사이클을 가져야 한다고 이야기한다. 이는 상대방을 감정을 가진 인격체로 먼저 보고 따뜻한 가슴으로 소통하며 그다음 냉철한 머리로 판단하고 실행하라는 내용과 괘를 같이하는 것이다. 우리는 종종 당장 해야 할 일만 보고 사람을 놓치는 경우가 많다. 사람이 일을 하는데도 말이다.

커뮤니케이션은 쌍방 간 생각과 의미를 전달하고 피드백 받는 과정의 연속이다. 인체의 혈액 순환과 비슷하다. 심장에서 각 기관에 산소와 영양분을 전달해주는 동맥과 다시 심장으로 들어가는 정맥이 동시에 존재해야 우리가 살 수 있듯이 그 어느 것 하나가 없다고 생각해 보라. 우리는 살 수가 없다. 조직도 마찬가지이다.

조직 내 고장 난 커뮤니케이션은 고칠 수 있다. 그러려면 리더들이 마인드를 바꾸고, 진실로 상대방을 대해야 한다. 그리고 공동의 결과물을 함께 성취해 가는 쌍방향 커뮤니케이션이 활성화된 조직문화를 만들어야 한다. 물론 이것 역시 리더의 몫이다.

생각해 볼 화두

1. 나는 아웃워드 마인드셋으로 소통하고 있는가?
2. 나는 평소 쌍방향 커뮤니케이션을 어떻게 하고 있는가?

행복한 리더가 끝까지 간다

09

내가 옳다는 것을
어떻게 아는가?

세계 최대 헤지펀드인 브리지워터 어소시에이츠의 창업자인 레이 달리오 회장의 인생을 바꾸어 놓은 것은 무엇일까? 바로 "내가 옳다는 것을 어떻게 아는가?"였다. 그는 12세 때부터 골프장 캐디 아르바이트를 하며 번 돈으로 주식 투자를 시작했다. 하버드대 MBA를 나와 회사를 차린 뒤 승승장구했다. 그의 자신감은 1970년대 말 개도국 채무 위기를 예측할 때 극에 달했다.

그의 예측대로 1982년 멕시코는 채무 불이행을 선언했다. 주목을 받게 된 그는 "경제는 지금 위기 상태이며 거의 붕괴 직전입니다."라고 의회 청문회에서 말했다. 그러나 그의 예측은 일부만 맞았다. 미 연준이 통화 공급을 늘리면서 증시는 오히려 급등했고, 미국 경제도 그 뒤 18년에 걸쳐 성장을 이어갔다. 예측이 틀린 탓에 그는 거의 파산했고 모든 직원을 내보냈다.

인생 최대의 좌절을 겪은 그는 '내가 옳아'라고 생각하는 대신 스스로 묻기 시작했다고 한다. "내 결정이 옳다는 근거는 무엇인가?" 여기에 하나의 예화가 있다. 이 회사에 입사한 지 1년이 안 된 직원이 달리오 회장에게 다음과 같은 메시지를 보냈다. "오늘 회의에 레이 당신이 한 발표에 D 마이너스를 드릴게요. 회의 준비를 전혀 하지 않았더군요." 놀라운 건 이런 피드백을 받고도 달리오 회장은 오히려 기뻐했다는 것이다. 이 내용은 이지훈 교수가 지은 『더 메시지 The Message 』에 소개된 것이다

요즘 조직 내에서 자신의 의견만이 옳다고 주장하는 사람들이 적지 않다. 이러한 상황에서 세 가지를 생각해 볼 필요가 있다.

첫째, 자신에 대한 성찰이다.

"나는 겸손하고 진솔한 사람인가?"에서 출발해야 한다. 겸손은 자신의 자만심을 경계하게 하고 자신을 낮추고 상대방을 존중하는 정직한 태도다. 자신의 주장이 틀릴 수도 있음을 인정하는 적극적인 자세다. 따라서 겸손한 사람은 늘 자신의 부족함을 알고 다른 사람에게서 배우는 사람이고, 진솔한 사람으로서 자기만이 옳다고 주장하지 않는다. 겸손하고 진솔한 사람에게 적敵이 있겠는가? 이들 곁에는 좋은 사람이 많다.

이러한 겸손과 진솔함은 조직운영에 있어 리더가 가져야 할 덕목이다. 조엘 피터슨 스탠포드대 교수는 리더의 진실성이 신뢰도 높은 조직을 만드는 필수 요소라 했다. 그는 신뢰받는 경영을 위한 방법으로 7가지를 제시했다.

- 누구나 공감할 수 있는 큰 목표를 세워라.
- 권한을 위임하라.
- 조건 없이 경청하라.
- 정보를 투명하게 공개하라.
- 솔선수범하라.
- 잘못했을 때는 솔직하게 인정하라.
- 모든 직급의 직원들에게 겸손하라.

리더의 이러한 행동은 구성원들에게 전파되기 때문에 신뢰의 조직문화 차원에게 매우 중요하다.

둘째, 상대방과 커뮤니케이션을 통해 자신이 옳은지 성찰하는 기회를 갖는 것이다.

특히 상대방의 피드백에 개방적인 태도를 갖는 것이 중요하다. 사람들은 누구나 비판받기 싫어한다. 더욱이 평상시 자신이 옳다고 믿는 사람들은 대화 상대방의 피드백을 받는 데 인색하고 또 피드백을 거부하는 특성도 있다. 누구나 성공도 하지만 실패도 한다. 그들은 어떨 때 실수하거나 실패할까? 과거의 성공경험이 오히려 발목을 잡게 된다. 이때 상대방의 피드백을 듣지 않고 과신으로 일을 그르치게 된다. 특히 자신이 약한 분야에서 강점이 있는 사람들의 객관적인 피드백은 소중한 선물 present 임을 기억하고 겸허히 받아들여야 한다.

셋째, 내가 항상 옳다고 믿느냐 아니냐는 조직 내 의사결정 과정에서 중요한 의미를 가진다.

왜냐하면 경영은 계속되는 의사결정의 과정이기 때문이다. 잘못된 의사결정은 사안에 따라 조직의 미래에 치명적이다. 리더 자신이 옳다고 계속 주장하지 않으면 조직 구성원의 진솔한 의견을 들을 수 있다. 심리적 안정감을 바탕으로 구성원이 리더에게 어떠한 질문도 할 수 있는 분위기를 만들고, 리더의 의견에 노 No 라고 말하고 비판하는 것도 즐길 수 있어야 한다. 유능하고 좋은 사람을 가까이 두는 비결이다. 이렇게 하면 일방적이고 잘못된 결정으로부터 벗어날 수 있다.

경영은 불확실한 미래와의 전쟁이라 할 수 있다. 불확실한 미래에 리더 자신이 결정하는 것이 항상 옳다는 근거는 무엇인가? "내가 아는 전부는 내가 아무것도 모른다는 사실이다."라는 소크라테스 이야기와 그의 질문 대화법이 큰 도움이 될 것이다. 내가 틀릴 수도 있다는 달리오 회장의 생각이 그와 그의 회사의 도약을 가져다 준 것처럼. 그는 재산의 반을 기부하기로 서약하는 등 자선사업가로도 유명하다.

10

적극적 경청을 위한
3가지 팁!

대기업 A 임원이 코칭 대화 중 고민을 얘기했다. "부하 직원의 의견을 듣다가 중간에 자르는 경향이 있다."라는 다면평가 피드백을 받았다고 하면서, "어떻게 하면 좋을까요?" 질문했다. 그래서 다면평가 서술식 의견 결과를 보여 달라고 했다. 그 내용을 보니 A 임원의 강점이 무척 많았다. 예를 들면 이렇다.

- 원칙을 세우고 일관성 있게 업무 추진
- 목표 설정 및 달성을 위한 강한 추진력
- 친근한 의사소통과 합리적인 의사결정

그런데 개선점으로 이런 게 있었다.

- 부하 직원의 의견을 잘 듣는 편이기는 하나, 마음이 급한 경우 상대방의 말을 중간에 자주 자름
- 의견 수렴이 필요한 경우 담당자 의견을 들을 필요가 있음

A 임원에게 "직원들의 이야기를 왜 끝까지 듣지 않으시나요. 그 이유는 무엇인가요?"하고 물었다. 그는 반문을 했다. "직원들이 논리가 맞지 않는 이야기를 계속하는데 어떻게 듣고만 있어야 하는가요? 저 자신에게 확고한 계획이 있을 때는 지시하는 것이 업무 추진상 효율성이 높지 않을까요?"

A 임원과 코칭 대화를 나누며 경청과 관련 강조한 세 가지이다. 실천은 쉽지 않지만 그 효과는 클 것이라고 생각한다.

첫째, 사전에 발언 시간에 대한 Ground Rule을 함께 정하고 실천하라.

우리가 회의할 때 착각하는 경우가 하나 있다. 남의 이야기는 길게 느껴지고 자신의 이야기는 짧게 느껴진다. 리더의 경우는 더욱 그렇다. 리더에겐 문제에 대한 경험과 방향성을 신속하게 부하들에게 알려주어야 하겠다는 강박관념이 있다. 이런저런 이유로 부하 직원 말을 잘 듣지 않고 중간에 자르기도 하고 말이 많아진다. 그러면서 그 잘못을 상황이나 부하 직원의 탓으로 돌린다.

필자가 평소 강조하는 규칙은 미리 개인별 발표 시간을 3분으로

사전에 합의하라는 것이다. 실제 방송 뉴스에서 3분이면 꽤 긴 편으로 사건의 취지를 충분히 설명할 수 있는 시간이다. '엘리베이터 스피치'라는 말이 있다. 이는 엘리베이터 이동 30초 내에 CEO 등에게 문제와 결론을 간략하게 설명하는 것이다. 사람은 주어진 시간 내에 논리를 구성하여 발표하는 훈련을 해 왔다. 이때 주의해야 할 것은 부하 직원뿐만 아니라 리더도 3분 발표를 솔선수범해야 하는 점이다. A 임원도 3분이면 부하 직원 말을 중간에 자르지 않고 끝까지 들을 수 있겠다고 했다.

둘째, 지시하지 말고 질문하라.

대개 나이가 든 리더들은 질문보다 지시에 익숙하다. 본인들이 업무를 배울 때도 상사로부터 지시받고 업무를 수행하며 성장했다. 따라서 질문이 없는 조직문화가 만들어졌다. 이제는 밀레니얼 세대를 중심으로 스스로 의사를 결정하는 자율성이 요구되고 있다. 그들에게 지시하지 말고 자신의 의견을 표출할 수 있도록 질문해야 한다. 이는 리더로서 답을 주는 대신 부하들이 스스로 답을 찾도록 하는 것이다. 이때 참여의식을 느끼면서 몰입하게 되고 성과도 높아진다.

필자가 코칭 대화에서 자주 쓴 'What-So What-Now What' 질문 기법이 도움이 될 것이다. 이런 질문들은 상대방의 잠재력을 이끌어내는 강력한 힘이 있다.

What은 우선 대화 주제의 명확화이다.

- 다루고자 하는 이슈는 구체적으로 무엇입니까?
- 이 이슈를 해결하는 것이 왜 중요합니까?

So-What은 사고확장이다.

- 이 이슈가 발생한 근본 원인은 무엇이라 생각하십니까?
- 당신이 CEO라면 무엇을 바랄까요?
- 3년 뒤 지금의 이슈를 돌이켜본다면 어떤 교훈을 얻을 수 있을까요?

Now-What은 실행이다.

- 이 문제를 해결하기 위한 당신만의 비법은 무엇인가요?
- 원하는 결과를 위해 활용할 수 있는 자원은 무엇인가요?
- 이야기한 것 중 어떤 것을 선택하겠습니까? 그 선택의 기준은 무엇인가요?
- 혹시 리더인 제가 도와줄 일이 있다면 어떤 것이 있을까요?

셋째, 경청을 통해 상대방을 존중하라.

헤밍웨이는 "사람들이 말할 때 온전하게 경청하라. 대부분의 사람들은 결코 경청하지 않는다."라고 했다. 이는 경청이 결코 쉽지 않음을 보여준다. 한국코치협회 김재우 회장은 "우리 사회에는 말하는 사람과 말하려는 사람만 있고 진실로 경청하는 사람은 많지 않다."라고 한다. 말하려고 하는 사람은 상대방의 이야기를 경청할 수 없다. 자기가 이야기하려고 하는 생각이 이미 머리에 꽉 차 있기 때문이다.

리더는 자신의 의제를 미리 예상하거나 가정하거나 판단하지 말고 상대방의 이야기를 경청해야 한다. 자신의 에고^{ego}를 억제하고 상대방의 이야기에 집중하는 것이 상대방에 대한 존중이다.

"경청은 항상 질문에 선행한다."라는 말이 있다. 상대방의 이야기 속에서 질문하며 대화를 이어가는 것이 상대방에 대한 배려이다. 이 과정에서 상대방의 말을 경청하며 인정, 칭찬의 피드백을 주면 대화의 품질과 분위기가 업그레이드될 것이다.

이건희 회장이 삼성에 입사하고 아버지 이병철 회장에게 받은 첫 번째 선물이 '경청'이었다. 이건희 회장은 이 휘호를 벽에 걸어두고 날마다 마음의 지표로 삼았다고 한다. 제임스 설리반은 "세상에서 가장 강한 사람은 바로 타인의 말을 경청할 줄 알고, 타인의 마음을 포용할 수 있는 사람입니다."라고 했다.

인류 역사상 위대한 리더들은 말을 잘하는 사람이기 전에 다른 사람의 말을 경청할 줄 알고 마음을 열 줄 아는 사람이었다는 사실을 기억하자. 경청은 상대방의 마음을 읽을 수 있는 비법을 준다. 그리고 경청은 진실한 유대감과 신뢰 관계를 만들어준다. 상대방을 내 편으로 만들 수 있는 절호의 찬스이다. 이제 넉넉한 마음으로 에고를 내려놓고 경청을 실천해 보자.

생각해 볼 화두

1. 리더로서 나는 왜 직원들의 이야기를 끝까지 듣지 못하는가?

2. 나는 지시하는 스타일인가? 아니면 질문하는 스타일인가?

11

밀레니얼 세대와
소통을 위한 제언

코칭 현장에서 자주 받는 질문이 있다. 특히 임원과의 코칭 대화에서 그들의 고민 중 하나이다. "요즘 젊은 직원들인 밀레니얼 세대와 소통이 어렵습니다. 어떻게 해야 효과적으로 소통할 수 있는지요?"

아인슈타인은 이렇게 말했다. "문제를 일으켰을 때 우리가 사용했던 것과 같은 사고로는 그 문제를 해결할 수가 없다. We cannot solve our problems with the same thinking we used when we created them " 우선 소통 방법을 바꾸어야 하고 이를 통해 임원으로서 새로운 리더십을 발휘해야 한다. 이와 관련 세 가지를 고려해 보면 좋겠다.

첫째, 밀레니얼 세대와 소통 방법을 바꾸려면 그들이 무엇을 우선시하고 어떻게 행동하는지 이해하는 것이 먼저이다. 임원 즉 상사의 입장이 아닌 그들의 눈높이에서 바라보아야 한다. 다음은 공감이 가는 전문가의 의견이다. 경영전략가 돈 텝스콧이 분석한 밀레니얼 세대의 특징은 여덟 가지이다.

- 자유를 중시한다.
- 개성에 맞게 맞춤 제작한다.
- 철저한 조사 능력이 있다.
- 성실하고 약속을 지키며 선한 일을 하려 한다.
- 협업에 익숙하다.
- 일도 놀이처럼 즐거워야 한다.
- 속도가 중요하다.
- 혁신을 사랑한다.

한편 이은형 교수는 밀레니얼 세대를 신인류라 지칭하며 그들을 이해하는 아홉 가지 특징을 제시했다. 이러한 내용을 잘 살펴보면 그들의 사고방식을 이해할 수 있을 것이다.

- 내게 선택의 자유를 달라.
- 너의 취향도 옳고, 나의 취향도 옳다.
- 진정성이 있을 때 마음을 연다.
- 재미와 의미, 어느 것도 놓칠 수 없다.
- 소유보다는 공유, 혼자지만 협업은 잘 한다.

- 성장을 중시하고 열심히 학습한다.
- 속도와 혁신은 자연스럽고 당연한 것이다.
- 공유가치가 최우선이다.
- 이제는 모두가 전문가이자 글로벌 인재다.

둘째, 밀레니얼 세대들이 그들의 가치관과 조직 내 일을 어떻게 스스로 얼라인먼트하고 몰입하게 동기부여를 할 것인지 생각해 봐야 한다. 이는 임원들의 궁극적인 고민이며 발휘해야 할 리더십의 핵심이다. 예를 들면 그들에게 "당신이 생각하는 행복의 정의는 무엇인가요?", "당신이 속해 있는 이 조직이 지속 성장하려면 당신과 상사인 내가 우선적으로 해야 할 일은 무엇인가요?", "당신이 진정으로 바라는 것은 무엇인가요?" 등 진정성을 갖고 질문해야 한다. 사람들은 누구나 자신의 선택에 자율권이 있을 때 열정적으로 일하기 때문이다.

셋째, 밀레니얼 세대와 직접 소통해야 한다. 일대일과 일 대 다수를 병행한다. 이때 소통이라고 하여 상사가 자신의 경험과 노하우를 일방적으로 전수하려 하면 곤란하다. 그들의 욕구와 이슈를 먼저 질문하고 경청하는 것이 순서이다. 젊은 세대들이 목말라하고 있는 니즈를 함께 고민하는 자세를 보여야 한다. 그리고 그들이 조언을 요청할 때는 과감히 조언을 해주어야 한다. 그러나 요청받기 전까지 인내심을 가지고 기다리는 미덕이 요구된다.

인텔의 CEO였던 앤드루 그로브는 이렇게 이야기했다. "관리자의 결과물은 그가 관리하는 조직의 결과물에 그가 영향을 미치는 조직의 결과물의 합이다."

임원은 조직 내에서 영향력이 매우 크다. '나는 임원으로서 밀레니얼 세대에게 어떤 영향력을 미칠까?' 스스로 생각해 볼 시점이다. 생각이 여기까지 미쳤다면 당신은 이미 소통의 첫걸음을 떼었고, 그들과 함께 조직의 시너지를 낼 수 있으리라 생각한다. 결국 그들을 진정으로 이해하고 조직 내 일과 그들의 가치관을 얼라인먼트하도록 질문하고, 내적 동기를 이루도록 환경을 조성해 주면 효과적인 소통이 될 수 있다.

생각해 볼 화두

1. 당신이 생각하는 밀레니얼 특성은 무엇인가? 당신이 경험한 그들의 신념과 가치관을 5가지로 정리해 본다면?
2. 나는 리더로서 밀레니얼 세대에게 어떤 영향력을 미치고 있는가?

4장

기꺼이 책임을
떠맡고
결정을 내려라

01

조직은 어느 리더를
더 선호할까?

공교롭게도 리더십 성향이 정반대인 두 임원과 코칭 대화를 한 적이 있다. 부하 직원에 대한 사전 인터뷰 및 설문조사가 이루어졌다. 주요 조사내용은 임원의 강점 영역과 개선 영역이었다. 코칭 세션에서 강점 영역은 더 강화하고, 개선 영역은 보강하기 위해서다. 그리고 평소 본인이 생각하는 강점과 개선 영역에 대해 부하 직원도 동일하게 느끼는지 확인도 필요했다.

A 임원은 전략 수립 및 실행, 변화 주도, 성과 창출이 강점이었다. 그는 늘 사전 방향 설정 및 전략의 중요성을 강조하였고, 기존에 없던 참신한 시각으로 조직 변화를 주도했다. 또한 현실에 안주하거나 매너리즘에 빠지는 것을 항상 경계하고 긍정적 변화를 이끌었다. 그리고 보고서 품질 향상, 역량 강화를 위한 기획안 추진 등 조직의 목표달성과

조직 구성원 능력향상에 늘 적극적으로 임했다.

한편 개선 영역은 관계 형성 및 유지에 집중이 되었다. 자신의 의견에 반하는 경우에도 본인의 주장을 관철시키고자 하는 성향이 강했다. 성과를 내는 직원 중심으로 업무를 추진하는 성향으로 직원 전체에게 비교적 공평하게 대해주지 않아 소외감을 느끼는 직원도 있다는 것이다. 타인의 의견을 적극적으로 경청하고, 타인과의 의견 조정에 좀 더 신경을 써 달라는 의견도 있었다. 그럼에도 그는 조직의 성장 발전을 위해 반드시 필요한 리더라고 했다.

B 임원은 강점 영역이 문제 인식과 해결, 관계 형성 및 유지였다. 그는 공감적 경청 수준이 최고였으며, 업무를 수행할 때 부하 직원의 고충을 충분히 듣고 그들의 입장에서 상황을 공감해 준다. 업무 파악 및 부서가 요하는 전문성을 빠르게 학습한다. 자신과 다른 부하 직원의 의견도 경청하고 합리적이면 받아들이고 지지해 준다. 업무를 보고할 때 마음이 편하다. 온화, 친절, 배려가 모든 언행에 배어 있다고 했다.

반면에 개선 영역은 전략 수립 및 실행, 변화 주도로 나타났다. 상황 해결 시 고른 의사 반영보다는 우선순위에 따라 의사 결정해 주었으면 좋겠다. 직원 고충에 대해 세세하게 반영하다 보니 명확한 지시와 실행 방안 확인도 아쉽다. 업무 분장으로 직원 간 갈등 시 단호한 리더십이 요구된다. 탈권위적인 분이라 존재감 확대에도 신경을 써야 한다.

그럼에도 본받고 싶은 훌륭한 리더라고 이야기했다.

바람직한 상황은 A, B 임원 모두 평소에 자신이 생각하고 있는 리더십 스타일과 부하 직원들이 자신에 대해 느끼는 것이 같다고 하면서 공감을 표한 것이다. 왜냐하면 많은 임원의 경우 부하 직원이 개선점을 제시했을 때 그들이 자신의 리더십 스타일을 못 따라온다고 불평하거나, 부하 직원의 역량과 태도에 문제가 있다고 하는 경우가 많기 때문이다. 따라서 부하 직원의 다면평가 반응을 피드백할 때 항상 긴장이 된다. 당신이 조직 구성원이라면 상기 A, B 중 어느 리더를 선호하겠는가? 누구에게 배울 점이 많다고 느끼는가? 만약 CEO나 상사라면 어떻게 생각할까?

여기서 특이한 점은 A, B 임원 모두 히딩크 리더십에 대해서 공감을 표했다. 경쟁과 협력의 리더십 및 조직문화를 이끈 히딩크에게 배울 점이 많다는 것이었다. 히딩크 리더십의 비밀은 무엇일까? 당시 다른 감독이 맡았더라도 한국이 세계 4강이 되었을까?

그가 학연이나 지연 등에 의존하지 않고 공정한 선수 선발을 한 것은 유명하다. 기초체력을 강조하고 잔재주에 연연하지 않았다. 승부근성이 없거나, 여러 포지션을 소화하기에 체력이 약한 선수를 제외하고 재능이 있다는 느낌이 오면 선수를 발굴해 키웠다. 그리고 그는 선수들에게 명확한 팀 목표를 설정해주고, 이를 달성하기 위한 전략과 전술을 제시했다.

당시 한국경제신문은 다섯 차례에 걸쳐 히딩크의 리더십에 대해 기사화한 적이 있다. 요약하면 첫째, 신념의 카리스마 둘째, 철저한 자기평가(자원의 발굴과 능력 개발 유도) 셋째, 재즈처럼 유연하게(고집을 버리고 변화를 즐기기) 넷째, 팀워크 팀워크 팀워크 다섯째, 멀리 보고 굳게 믿기(기본에 충실)였다. 지금 우리 조직 내에서도 필요한 리더십 덕목이라 생각한다.

이제 리더로서 자신을 성찰하기 위해 점검해 볼 차례다. 다음 질문에 스스로 답해보길 바란다.

- 나는 조직의 장단기 목표를 세우고 추진하는 것을 잘한다.
- 나는 함께 일하는 사람들의 잠재력을 믿고 이끌어 내며, 그들의 일을 돕는 것을 잘한다.
- 나는 필요한 것을 얻기 위한 협상을 잘한다.
- 사람들은 종종 대인 갈등을 해결해 달라고 나에게 부탁한다.
- 나는 다른 사람들에게 피드백을 제공하는 것을 어려워하지 않는다.
- 나는 급변하는 상황을 분석하고 대안 제시를 잘한다.

코로나 사태 등 지금 우리 조직을 둘러싸고 있는 상황은 결코 만만치 않다. 조직의 리더로서 어떻게 해야 할까? 조직의 목표달성과 조직

행복한 리더가 끝까지 간다

구성원과의 관계 증진이라는 두 마리 토끼를 잡기 위한 자신만의 필살기는 무엇인가? 자신의 강점과 개선점에 대한 성찰을 통해 시대 상황에 걸맞고 균형감각을 갖춘 리더가 되도록 노력해야 한다. 리더로서 가장 자기다움을 실천할 때다.

생각해 볼 화두

1. 당신은 리더로서 다면 평가 결과를 받을 때 어떤 느낌이 드는가?
   당신이 생각하는 것과 얼마나 일치한다고 생각하는가?
2. 리더로서 나다움을 어떻게 표현하는가?

리더의 가장 큰 고민은?

모 기업 팀장 그룹 코칭 세션에서 팀장들 이슈를 들었다. 팀장 7명이 생생하고도 많은 이야기를 했다. 몇 가지 주요 내용만 소개하면 다음과 같다.

- 팀 내 객관적이고 공정한 평가로 팀원 수용성 제고

- 주 52시간 근무 체제하에 과부하 해소

- 선배들이 어떻게 후배들의 롤 모델이 될 수 있을까?

- 직원들 간 업무상 오래된 갈등 해소 방법

- 팀 단위 Work & Life Balance 실천

- 형평성 있게 업무를 배분하는 방법

- 잘못된 비공식 정보에 따른 팀 조직 안정화

- 어떻게 하면 팀원들이 팀장 입장을 고려하고 폭넓은 사고로 의사결정을

할 수 있을까?

· 팀원 전문화 육성

다른 회사 팀장들 이슈와 크게 다르지 않을 것이다. 이 중 공통적으로 해결하고 싶은 이슈는 "어떻게 공정하게 평가할 수 있을까?"였다. 그래야만 팀원들 수용성이 높아지기 때문이다. 평가에 대한 수용성이 낮으면 불만이 생기고 업무 몰입과 성과가 계속 낮아지기 마련이다. 세션에 참가한 A 팀장이 얘기했다. "실무자에서 팀장이 되면 가장 큰 고민이 팀원의 평가입니다. 연말이 다가오면 머리가 아픕니다." 공감이 가는 얘기다.

B 팀장은 이렇게 이야기했다. "C 팀원은 고참이고 승진 대상자인데 작년에 고과 미달로 승진에서 탈락했습니다. 이번에 정신 차려 열심히 하였고, 주어진 업무에서 상당한 성과도 냈지만 다소 부족한 느낌입니다. 한편 D 팀원은 아직 젊은 사원이지만 태도도 좋고 성과도 훌륭합니다. 2년 연속 우수한 고과를 받았습니다. 이번 고과에서 승진 후보자가 결정되는데 누구에게 더 고과를 잘 주어야 할지 고민입니다."

필자가 그룹코칭에 참가한 팀장들에게 물었다. "이런 사례에서 고참 C 팀원과 젊은 D 팀원 중 누구에게 고과를 더 잘 주어야 하나요?" 장기적인 측면에서 팀 화합을 위해 C 팀원에게 고과를 잘 주는 것이 좋겠다는 팀장이 3명이었고, 당연히 업무 성과가 높은 D 팀원에게 높은 고과를 주어야 한다는 팀장이 4명이었다. 그러면서 이구동성으로 "이럴 경우 인사팀에서는 B에게 더 높은 고과를 주는 것이 능력평가 취지에 맞는다고 합니다."라고 했다. 직접 팀원과 얼굴을 맞대고 부딪치며 일하는 팀장들 심정을 느낄 수 있었다.

E 팀장은 이렇게 얘기했다. "저는 팀원들의 팀 공헌도 평가를 팀원들에게 50% 비중으로 맡깁니다. 팀원이 20명인데 본인의 평가를 제외하고 나머지 19명에 대해 강제적으로 순위를 매기라고 합니다. 그러면 항상 놀라운 결과가 나옵니다. 팀 공헌도 우수 직원 5명과 팀 공헌도 미흡 직원 5명은 모든 팀원의 평가에서 순위는 다소 다르기도 하지만, 그 밴드에 묶이는 팀원은 거의 일치합니다."

E 팀장은 이 결과표를 팀원 개인별로 면담할 때 제시하고 팀원의 발전 방안을 상담한다고 했다. 그 결과 굉장히 평가 수용성이 높게 나타났고 팀원의 역량 개발 포인트도 잡아낼 수 있었다고 한다. 필자는 그 방법에 상당히 공감이 갔다. 그런데 세션에 참가한 팀장들은 E 팀장 의견에 동의한 경우도 있고 동의하지 않은 경우도 있었다. 동의하지 않는 팀장들은 저평가를 받은 팀원은 자기가 여전히 업무를 잘하고 있다며 마음속으로 수용하지 않을 것이라고 했다. 누가 봐도 쉽지 않은 과제다. 평가와 관련 필자는 여러 가지 생각이 있지만, 우선 크게 두 가지를 제시한다.

첫째, 인사 평가 목적을 분명히 해라!

당초 평가는 업적 즉 조직 공헌도를 평가하여 인사 관리의 용도로 승진과 보상 등의 기준으로 삼고자 실시했다. 한정된 승진 규모와 보상 범위로 인해 상대평가를 실시하게 된 것이다. 상대평가가 기여하는 점도 많지만 이에 따른 불만과 수용성 저하 역시 직원 사기 측면에서 중점적으로 고려해야 한다. 한편 개인 평가도 중요하지만 팀 평가가 더욱 중요하다. 스포츠에서 팀이 패배하거나 성적이 저조하면 모든 선수들에게 돌아가는 혜택이 어떻게 될까? 기업 조직도 유사하다.

경영진 팀에서 회사 공헌도를 조직 단위로 먼저 객관적으로 평가하여, 조직 단위 상대평가 비중을 달리하는 것이 필요하다. 또한 팀 전체 응집력을 높이는 데 평가를 활용해야 한다. 평가를 통해 직원 역량 개발 목적도 중요시해야 한다. 강점 확인, 개발 및 변화 영역 확인, 경력 계획을 위한 기초자료 활용 등을 위한 평가도 중요하다. 개인별 역량 도달 목표를 본인이 수립해 리더와 합의하고 그 달성도를 절대 평가하는 것이 바람직하다.

둘째, 평가 주기를 단축해라!

보통 연말에 한 번 종합 평가를 하거나 상반기 중간 평가를 실시하여 두 번 정도 평가를 한다. 매월 평가를 실시하는 것이 바람직하다고 생각한다. 예컨대 목표에 의한 관리 MBO, Management By Objective 에서 리더와 구성원 간 면담이 가장 중요한 업무이기 때문이다. 이 과정에서 소속 직원의 업무 진척 사항을 논의하고 해결책을 함께 모색하며 방향성 수정도 하게 된다.

매월 고과 면담을 실시하면 일 년에 한두 번 하는 중압감에서도 벗어날 수 있다. 해결할 일이 단위가 커진 다음에는 수습하기 어렵다. 매월 비교적 작은 단위 튜닝을 통해 스스로 진척 사항과 성과 달성도를 알 수 있게 해야 한다. 원인을 미리 발견할 수 있고 즉시 처방도 가능하여 잘못된 결과를 사전에 방지할 수도 있다. GE는 잭 웰치 회장 시절 시범적이긴 하지만 상대평가를 절대평가로 바꿨다. 사내 전용 앱(PD@GE)을 통해 리더와 직원이 상시 피드백을 주고받는 성과 개발 시스템은 우리 기업에도 필요하다.

인사 평가란 조직원의 행위를 보다 조직 목적에 적합하도록 유도하기 위하여 의식적으로 실시하는 제도다. 이것이 팀장들에게 스트레스로 계속 남게 하는 것은 바람직하지 않다. 이젠 조직 내 평가를 바라보는 시각을 달리해야 하지 않을까?

생각해 볼 화두

1. 리더로서 당신의 가장 큰 고민은 무엇인가?
2. 부하 직원의 인사 평가 시 당신이 가장 중요시하는 요소는 무엇이며, 평가 결과에 대한 그들의 수용도는 어떠하다고 생각하는가?

행복한 리더가 끝까지 간다

생각의 한계를 벗어나라!

우리는 종종 박스권 안에서만 생각을 하며 조직생활을 하는 경우가 많다. 박스권에서 벗어났다고 생각하는 순간 다시 박스권에 매몰되어 있는 자신을 발견하게 된다. 어떤 경우는 아예 박스권 밖으로 나갈 생각이나 시도조차 못하는 경우도 있다. 얼마 전 "제3자 입장에서 업무를 객관적으로 보려면 어떻게 해야 하나요?"라는 질문을 받은 적이 있다. 많은 점을 시사하는 질문이었다.

필자는 크게 2가지 관점에서부터 출발해 이를 수렴해야 한다고 본다. 하나는 자기 자신에서부터 시작하는 것이고, 또 하나는 외부 즉 타인과 세상으로부터 겸허히 배우는 것이다. 이 두 가지는 상호 연계되어야 시너지 효과를 낼 수 있다.

첫째, '나의 한계는 어디인가?' 자문해 보라.

"한계란 갖고 있는 것이 아니라 그렇게 여겨서 생긴 것이다."라는 발레리나 강수진의 말처럼 관점 전환을 유도한다. 우선 나 자신이 무한한 가능성을 가진 존재라는 인식이 무엇보다 중요하다. 생각의 한계 내에서는 창의성 발휘와 도전이 어렵다. 학자들에 따르면 창의력을 저해하는 요인 중 하나는 자신이 창의력이 없다고 믿는 잘못된 인식이다.

포스베리 점프를 아는가? 미국 높이뛰기 선수 이름을 따서 만든 것이다. 1968년 멕시코 올림픽 우승자인 딕 포스베리는 모두가 땅을 보고 장대를 넘는 가위뛰기 방식을 할 때 하늘을 보고 장대를 넘는 배면뛰기를 시도했다. 그는 오늘날까지 육상계의 전설이 되었는데 그 시작은 생각의 한계를 넘어 보자고 한 것이다. 그 바꾼 생각을 연습을 통해 실현한 것이다.

애벌레와 나비 이야기다. 모든 나비는 처음부터 나비가 아니었다. 애벌레에서 껍질을 벗고 나비가 된다. 그런데 자신이 애벌레로 끝날 것이라고 생각의 한계를 가졌다면 어떻게 되었을까? 생각 프레임을 바꾸면 관점이 바뀌게 되고 한계를 벗어날 수 있다. "친구들은 큰 저택, 멋있는 정원을 자랑한다. 나는 눈에 보이는 강과 산과 들, 별이 빛나는 밤하늘이 모두 내 것인데 말이다."라는 윌리엄 제너스의 말은 우리가 프레임에 갇혀 있을 때와 아닐 때의 차이를 잘 보여준다.

둘째, 외부 시각에서 자신을 바라보자.

성공한 사람들이 공통적으로 이야기하는 것이 있다. 조직 내에서 자신의 한계를 벗어나려면 상사나 CEO 관점에서 자신을 보라는 것이다. 왜냐면 그들은 당신 자신보다 더 큰 생각의 박스를 가지고 있기 때문이다. 당신보다 더 큰 생각의 박스를 가지고 있는 그들의 입장에서 보면 현재 당신의 고민은 아주 작을 수도 있다. 그들은 당신에게 방향성과 문제 해결의 팁을 줄 수 있다. 당신이 이미 부하 직원에게 그렇게 했듯이.

한편 당신이 담당하는 업무의 트렌드를 살펴보고 선진 기업을 벤치마킹하는 것도 좋은 방법이다. 벤치마킹을 통해 어떻게 압축하여 따라갈 것인가를 배울 수도 있지만, 또 그들과 다르게 할 수 있는 방법을 찾는 기회도 된다. 최근에는 동종업계 벤치마킹에서 한걸음 더 나아가 이종업계 벤치마킹을 통하여 매우 큰 시사점을 얻을 수 있다. 또 제4차 산업혁명시대에 필요한 융합적인 관점을 얻을 수도 있다.

또한 고객의 관점에서 자신을 돌아보는 것도 자신의 생각의 한계를 넓힐 수 있는 좋은 기회다. 피터 드러커는 "고객이 무엇을 가치 있게 생각하는가?"라는 질문은 기업 경영의 본질이라고 했다. 그런데 리더들은 고객에게 묻지 않고 스스로 답을 내리는 경향이 있다. 자신의 원칙과 가치에 매몰되다 보면 관료주의가 자리를 잡게 된다. 이것을 경계해야 한다. 고객이 실제로 원하는 것과 리더 자신이 고객이 가치 있게 여긴다고 믿고 싶은 것과 사이에 갭 ^{gap} 이 크기 때문이다.

필자가 포스코 인사기획과장으로 있을 때 매년 신일본제철과 인사 노무교류회를 가졌다. 당시 실무 책임자로서 교류회를 하면서 스스로 이런 질문을 했다. "신일철 인사기획과장과 비교하여 나의 역량이 비교우위가 있을까?" 그 후 인식의 폭과 깊이를 키울 수 있었다.

지금 자신이 생각하는 것이 5년 뒤에도 유효할까? 나의 상사나 멘토가 나의 고민을 생각할 때도 나와 생각이 같을까? 이런 질문을 통해 자신과 먼저 대화하고 상사, 멘토, 고객, 전문가 등과 직접 대화를 해 보아라. 나아가 책을 통한 성찰을 병행하면 우리는 생각의 한계를 벗어날 수 있다. 일회성이 아니고 지속적으로 실행해야 한다. 그러면 성장과 성공 열매를 거둘 수 있을 것이다.

그러자면 당신이 생각해야 할 것이 있다. 바로 'Out of Box'다.

생각해 볼 화두

1. 딕 포스베리가 당시 아무도 시도하지 않았던 배면뛰기를 시도한 이유는 무엇인가?
2. 생각의 한계를 벗어나기 위한 Out of Box를 실천하기 위해 자신만의 방법 3가지를 제시해 본다면?

04

갈까 말까 할 때는 가라

임원 코칭에서 나온 질문이다. "팀에게 의사결정권을 주어야 하는데 제가 직접 결정해서 지시하는 버릇이 있습니다. 안 그래야 한다고 하면서 계속 그렇게 하는 제 모습을 봅니다. 어떻게 해야 할까요?", "소속 팀장 중에 의사결정 장애자는 아니지만 항상 의사결정의 타이밍을 놓치는 경향이 있는데 어떻게 하면 좋을지요?" 의사결정을 효과적으로 하는 것은 쉽지 않다는 이야기다.

그렇다면 어떻게 해야 할까? 우리는 매 순간 선택의 갈림길에 있다. 의식하든 의식하지 못하든 수많은 의사결정을 하고 지낸다. 개인의 경우 직장 출근 방식 결정부터 퇴근 후 여가시간 선택 등 다양하다. 문제는 업무적으로 필요한 의사결정을 어떻게 효과적이고 올바르게 하느냐는 것이다. 앞에 언급한 임원들의 고민도 업무적인 것이다. 이를 해결하려면 의사결정의 본질을 이해할 필요가 있다.

전문가들 의견을 종합해 보면, 의사결정이란 문제를 인식하여 진단하고 해결에 필요한 대안을 찾는 것, 그리고 평가 후 최적 대안을 선택하는 일련의 과정이라 할 수 있다. 문제는 현재 상태와 기대하는 상태가 차이가 날 때 발생한다. 필자 선배 코치가 이런 이야기를 한 적이 있다. "리더의 의사결정력은 그 리더가 가지고 있는 가치관, 사고방식, 대인관계, 소통, 리더십 스타일 등의 총체적 표현이다." 공감 가는 대목이 많다. 피터 드러커는 이렇게 말했다.

- 효과적인 사람들은 한 번에 지나치게 많은 의사결정을 하지 않는다.
- 그들은 중요한 문제를 결정한 데 집중한다.
- 그들은 원칙에 따라 의사결정을 해야 할 때가 언제인지, 상황에 따라 실용적인 의사결정을 해야 할 때가 언제인지 안다.
- 따라서 효과적인 의사결정자가 되기 위해서는 다음과 같은 질문을 스스로 해야 한다. "이것이 일반적인 문제인가, 예외적인 문제인가?"
- 일반적인 문제는 언제나 원칙에 따라 해결해야 한다.
- 의사결정자가 저지르는 가장 흔한 실수는 일반적인 상황을 마치 특수한 사건의 연속으로 취급하는 것이다.

또 피터 드러커는 '2 종류 선택'이란 것을 언급한다. 하나는 빵 반쪽이라도 없는 것보다는 있는 것이 낫다는 것. 다른 하나는 솔로몬 이야기처럼 반쪽 아이는 아예 없는 것보다 더 나쁘다는 것이다. 그는 이 차이를 분명히 인식해야 한다고 강조한다. 이것은 의사결정에서 "무엇이 수락 가능한가?"보다 "무엇이 올바른가?"를 먼저 생각하라는 이야기다. 필자가 의사결정과 관련해 평소 강조하는 세 가지다.

첫째, 올바른 기준을 가져야 한다.

"이 의사결정으로 자신과 공동체에 어떤 공헌을 했는가?"라는 점이다. 의사결정 어려움에 처하는 세 가지 경우는 비비교성, 비수용성, 불확실성이다. 즉 두 개 이상의 선택지가 있을 경우 상호 비교하기가 어려운 경우다. 또한 선택을 해야 함에도 선뜻 선택을 수용할 수 없는 경우다. 그리고 미래를 예측하기 곤란하여 선택을 미루는 경우다. 이때 선택의 기준이 중요하다. 그것은 우리가 나아가야 할 방향성과 속도 즉 타이밍이다. 적기에 결정하지 않으면 큰 위험이 도래하기 때문이다.

둘째, 초점 맞추기다.

'의사결정의 그레샴 법칙'이라는 우^愚를 범하지 말아야 한다. 이는 급하지 않은 사소한 문제(악화, 惡貨)에 지나치게 몰입한 나머지 정작 중요한 문제(양화, 良貨)의 해결에는 시간을 할애하지 못하는 경우를 말한다. 조직의 미래를 위해서 가장 소중한 것이 무엇인가를 중점적으로 고려해야 한다. 임원으로서 상대적으로 중요한 문제가 아닌 것은 팀에 맡겨도 좋다.

셋째, 참여, 공유, 피드백하기다.

의사결정된 것은 실행되어야 한다. 실행되어야만 결과를 얻을 수 있다. 그래서 의사결정 과정에서 필요한 구성원의 참여와 결정사항에 대한 공유가 필수적이다. 그리고 의사결정과 실행과정에서 피드백을 통한 선순환 구조를 만들어야 한다.

의사결정 관련 재미있는 예화를 소개한다. 다섯 가지 상황에서 무엇이 더 바람직할까?

- 갈까 말까 할 때는 가라.
- 살까 말까 할 때는 사지 마라.
- 말 할까 말까 할 때는 말하지 마라.
- 줄까 말까 할 때는 줘라.
- 먹을까 말까 할 때는 먹지 마라.

물론 정답은 없다. 효과적인 의사결정은 늘 힘들지만 리더라면 피할 수 없다. 그렇다면 즐기면서 하면 좋지 않을까?

생각해 볼 화두

1. 의사결정을 할 때 자신이 생각하는 올바른 기준 3가지를 제시해 본다면?
2. 나는 조직의 의사결정 과정에서 구성원들을 어떻게 참여시키고 있는가? 그때 그들의 반응은 어떠한가?

행복한 리더가 끝까지 간다

05

전문가 의견
어떻게 받아들이면 좋을까?

강의나 코칭을 할 때 듣는 질문이 있다. "전문가 이야기라도 제 생각과 맞지 않은 다른 이야기를 할 때 어떻게 들어야 하나요?" 그리고 "전문가들 사이에 의견이 상충될 때 어떻게 받아들여야 하나요?" 참 어려운 질문이다. 그런데 조직생활에서 자주 있는 일이다.

필자가 자주 인용하는 사례가 있다. 1960년대 중반 예일대학교에 프레드릭 스미스라는 학생이 있었다. 경제학을 수강하던 이 학생은 이 전에 없었던 물류시스템에 대한 보고서를 제출했다. 자전거 바퀴 중심축(허브, hub) 같은 역할을 할 지역을 선정해 화물을 집결시킨 후 그 곳에서 재분류한 화물을 다시 주변지역으로 자전거 바큇살(스포크, spoke)처럼 펼쳐지는 모양새로 배송하는 시스템이었다.

그는 이 새로운 방식이 익일 배송을 가능하게 만들 것이라고 믿었다. 그러나 경제학 교수는 C 학점을 주었다. 최단 거리를 수송하는 기존 방식을 기준으로 보았을 때 그다지 현실성이 없는 아이디어라고 평가를 했기 때문이다. 그는 실망하지 않았다. 학교를 졸업하고 C학점짜리 아이디어를 실제로 사업화해 당시 세계에서 가장 경쟁력 있는 페덱스 Fedex 를 만들었다. 이러한 상황을 어떻게 이해해야 할까?

전문가들도 종종 함정에 빠진다. 심리학자들은 우리에게 확증편향 Confirmation bias 이 있다고 이야기한다. 이는 원래 개인이 가지고 있는 생각이나 신념을 확인하려는 경향성으로 통상 사람들이 자기가 보고 싶은 것만 보는 것을 가리킨다. 성공한 사람들의 과도한 신념도 문제가 될 수 있다. 성공 가운데 실패가 있어야 균형감각을 가지고 새로운 것을 받아들일 수 있다.

애덤 그랜트는 『오리지널스』에서 자신의 사례를 소개한다. 그는 자신의 수업을 듣고 있던 닐 블루멘탈이 인터넷으로 안경을 판매하는 사업을 하려 하는데 투자해 달라는 부탁을 받았다. '와비파커'를 창업하기 전 사업 구상에 대한 설명을 듣고 그는 투자하지 않기로 결정했다. 나중에 그는 그것이 잘못된 결정이라고 했다.

이와 비슷한 사례는 많다. 자동 평형 Self-balancing 기능을 갖춘 개인용 이동수단인 세그웨이 Segway 가 처음 출시되었을 때다. 시제품에 마음을 빼앗긴 스티브 잡스는 "PC가 발명된 이래로 가장 놀라운 기술 제품의 하나이다."라고 말했다. 회사 지분 10퍼센트에 6,300만 달러를 주겠다고 제안했다. 그러나 거절당했다. 한편 제프 베조스는 "혁명적인 제품이다. 판매하는 데 아무런 문제가 없다."라고 이야기했다. 그러나 그들의 예측은 모두 빗나갔다.

그렇다면 전문가 이야기를 어떻게 들어야 할까? 먼저 열린 마음으로 들어야 한다. 전문가 이야기가 평소 나의 생각이나 신념과 무엇이 같고 무엇이 다른지를 살펴봐야 한다. 나와 의견이 다르다고 무시하거나 비판하기 앞서 그 이유는 무엇이고 어떤 의미가 있는지 물어보는 것이 바람직하다. 우리는 질문 없는 학교, 질문 없는 조직에 익숙해져 있다. 이제는 자신의 의견을 제시하고 전문가의 의도를 묻는 열린 사회, 성숙한 사회로 나아가야 한다. 사실 누구도 완벽하지 않고 정답도 없기 때문이다.

그리고 어떤 이론이나 사례를 볼 때 관점의 스펙트럼을 가능한 한 넓게 가질 필요가 있다. 그렇게 되면 자신과 반대되는 주장이라 하더라도 수용성이 커지게 된다. "세상에는 변하지 않은 것이 없다는 것 이외에 모든 것은 다 변한다."라는 말처럼 전문가의 도움을 받아 관점을 전환해 보자. 아울러 자신을 성찰해 보는 기회를 만든다면 개인적으로나 업무적으로 방향성을 잡고 성장하는 데 매우 유익할 것이다.

나의 것만 옳다고 주장하기보다 상대방의 의견과 나의 의견을 융합해서 새로운 의견을 만들어 냈으면 한다. 특히 제4차 산업혁명시대는 융합의 시대이다. '사일로 현상'처럼 분리되어 있으면 융합이 어려워지고 변화에 대응하기 곤란하다. "중독에서 벗어났을 때에만 변화할 수 있다."라는 조 디스펜자 말이 가슴에 와닿는다. 그에 따르면 변화의 과정은 우선 폐기학습 Unlearning 후 다시 학습이 이루어진다고 했다.

결국 긍정적인 마인드와 열린 자세가 관건이다. 나의 의견이 옳을 수도 있고 틀릴 수도 있듯이 전문가의 의견도 마찬가지다. 모든 것을 존중하고 순수하게 받아들이면서 자신의 생각과 신념에 조화롭게 접목하는 것이 중요하다.

생각해 볼 화두

1. 당신은 리더로서 '확증 편향'에 대한 피드백을 받은 적이 있는가? 주로 어떤 분야인가?
2. 당신에게 '융합'이란 어떤 의미인가?

06

보고서의 3박자는 무엇일까?

"도대체 어떻게 상사에게 보고 타이밍을 맞춰야 할지 모르겠어요."
코칭 대화 시 모임원의 하소연이다. 그는 상사인 회장과 사장을 넘버
1, 넘버2라고 부르면서 눈코 뜰 새 없이 바쁜 두 사람을 동시에 만족시
키려니 힘들다고 했다. 최근 특정 사안에 대해 넘버2는 천천히 할 것을
지시하였는데 갑자기 넘버1이 보고서를 가져오라는 상황이 발생해서
본인이 모든 책임을 지는 수밖에 없었다고 했다.

그리고 보고받는 스타일이 달라서 넘버1은 요약 보고서를 선호하
는데 반해 넘버2는 보고서가 일단 두툼해야 보고를 받는 스타일이라
고 했다. 그러면서 "두 분 모두 바쁜데 어찌 타이밍을 맞춰야 할까요?"
라고 질문했다. 이는 어느 조직에서나 흔히 있을 수 있는 일이다.

보고서와 관련해 세 가지 생각을 먼저 정리해 볼 필요가 있다. 어떤 제품이나 서비스에도 적용되는 납기, 가격, 품질이 보고서에서는 타이밍, 가치, 품질로 그대로 적용된다.

첫째, 납기 즉 타이밍이다. 특히 보고받는 상사가 급한 성향일 때는 더욱 힘든 요소다. 예전에는 퇴근하면서 상사가 "이 보고서 내일 아침에 보자."라고 지시하곤 했다. 그렇게 지시받고 일했던 시기에 필자도 그렇게 지시했던 사례가 있었음을 고백하지 않을 수 없다. 그러나 지금은 조직문화가 수평적으로 바뀌고 있다. 이제는 상사에게 보고서의 급한 이유가 무엇인지 질문할 수 있어야 한다.

그 후 상사의 대답에 공감하면 서두를 수밖에 없다. 집중하면 성과도 오르는 편이다. 과거 필자의 상사는 "예정된 야근은 능률이 오르지 않는다."라고 했다. 왜냐하면 눈치 보기식 야근은 근무시간 집중도를 떨어뜨리기 때문이다. 이때는 시간상 완벽한 보고서보다도 결정 타이밍이 더 중요하다. 한편 상사의 보고 타이밍을 맞추는 데 하나의 팁은 메모 형식 등의 중간보고를 통해 진행 사항을 상사가 공감토록 하는 것이다.

둘째, 보고서의 가치다. 이 보고서가 진정 가치 있는 것인가? 하는 물음을 스스로 해 보아야 한다. 사실 조직 내 불필요한 보고서도 적지 않다. 관행적으로 보고하는 사례가 많다. 이 보고서가 작성되지 않으면 우리 조직의 미래에 큰 타격이 있는가? 좀 극단적으로 말하면 이 보고서가 없으면 우리 회사가 망하는가? 생각해 봐야 한다. 한편 이슈나 과제에 대해 조직 내에서 충분한 공감대가 형성되어 있는가? 보고서 작성 부서와 실행 부서가 다를 경우 더욱 그렇다.

셋째, 보고서의 품질이다. 보고서는 궁극적으로 어떤 사안에 대한 의사결정을 하기 위한 것이다. 보고서가 통과되어 실행되려면 우선 가독성이 좋아야 한다. 『The One Page Proposal』의 저자 패트릭 라일리는 "1페이지 Proposal은 그것을 읽는 사람이 결정을 내리는 데 필요한 모든 정보를 전달할 뿐만 아니라 강한 설득력을 지니고 있다. 많은 내용의 서류를 짧게 줄여 놓은 것이 아니라 그 자체가 하나의 완성된 서류이다."라고 했다.

그는 보고서의 형식을 제목, 부제, 목표, 2차 목표, 논리적 근거, 재정, 현재 상태, 실행 등 8개 부문으로 나누고 이 형식은 논리적 사고 순서에 따른 것이므로 신성불가침이라고 주장했다. 필자는 조사 내용이나 분석 내용이 많아 보고서가 불가피하게 많아질 경우 반드시 Executive Summary를 통해 보고받는 상사가 의사결정 할 수 있도록 하고 궁금한 사항은 해당 분야를 찾아볼 수 있도록 권유한다.

직장생활을 할 때 한 임원이 보고서란 보고할 때까지 고치는 것이라고 조크를 한 적이 있다. 보고서의 품질 확보를 위해 최선을 다해야 한다. 그것이 채택되었을 때 작성자의 기분이 얼마나 좋은지 조직에서 경험하였을 것이다. 보고서를 작성하고 상사가 채택케 하는 일은 리더로서 성장하는 역량 개발이기도 하다.

생각해 볼 화두

1. 보고를 받는 상급자와 차상급자가 서로 보고받는 스타일이 다를 때 당신은 어떻게 하는가?
2. 부하 직원이 보고서 작성 시 가장 애로를 느끼는 것은 무엇이라고 생각하는가?

07

팔로워십
과소평가해서는 안 된다!

모 임원이 코칭 세션에서 답답함을 토로했다. "제가 볼 때 꽤 똑똑한 젊은 직원인데 일을 열심히 하지 않습니다. 본인이 승진을 예상했지만 탈락하자 저에게 항의하는 거예요. 평소 업무 성과를 내주었으면 좋았을 텐데…." 한편 "우리 회사는 정년이 보장되어 있습니다. 50대 후반인 직원이 시간만 보내고 있는 느낌입니다. 어떻게 해야 하나요?"라고 묻는다. 그는 본인만큼 일하고 성과를 내주기를 바라고 있었다. 자연스럽게 리더와 팔로워에 대한 대화가 이어졌다.

리더십이 발휘되려면 구성원의 팔로워십이 있어야 한다. 위키피디아에 따르면 팔로워십은 추종자 정신으로 어떤 개인이 자신이 속한 조직에서 맡은 역할을 뜻한다. 일반적으로 팔로워는 직위에 따라 정해진다. 상대적으로 권한, 권력, 영향력이 상급자에 비해 적은 하급자이다.

때로 팔로워는 공식적으로 조직의 위계에 따라 정해진다. 우리는 대부분 리더이면서 동시에 팔로워다. 한편 우리 거의 모두는 처음에는 팔로워로 시작한다. 장 자크 루소는 "이끄는 법을 배우려면 먼저 따르는 법을 배워야 한다."라고 강조했다.

바버라 켈러먼은 모든 팔로워를 행동, 참여도 등을 중심으로 다음과 같이 5가지 유형으로 나누었다. 무관심자, 방관자, 참여자, 운동가, 완고주의자다. 이들 특징과 사례는 매우 흥미롭다. 켈러먼은 팔로워가 리더만큼 모든 면에서 중요하다고 강조했다. 조직 내에서 누가 리더이고 팔로워인지 항상 명확하지 않다고도 했다. 우리는 누군가의 상사이면서 누군가의 부하이기 때문이다.

로버트 켈리는 조직 성공에 리더가 기여하는 바는 10~20%에 불과하고 나머지 80~90%는 팔로워가 결정한다고 한다. 이런 가정하에 팔로워십에 대한 인식을 바꿔야 한다고 역설했다. 또한 그는 팔로워십 유형을 사고와 행동 측면에서 5가지 유형으로 나누었다. ① 독립적 비판적 사고와 적극적 행동의 모범형 팔로워 ② 독립적 비판적 사고와 수동적 행동의 소외형 팔로워 ③ 의존적 무비판적 사고와 적극적 행동의 순응형 리더 ④ 의존적 무비판적 사고와 수동적 행동의 수동형 팔로워 ⑤ 가운데 지점의 실용주의형 팔로워가 그것이다.

팔로워십과 관련된 필자 생각은 크게 두 가지다.

행복한 리더가 끝까지 간다

첫째, 리더는 팔로워와 함께 가야 한다. 먼저 팔로워십에 대한 개념을 이해하고 팔로워 유형을 파악해야 한다. 아이라 셀러프는 팔로워를 이렇게 정의했다. "팔로워란 리더가 본인의 임무를 충실히 이행할 수 있도록 가장 가까이에서 든든한 조력자이자 제어자로서 역할을 수행하는 자이다." 그럼에도 불구하고 현실에서 모든 팔로워가 리더를 조력하고 제어하는 역할을 하지 않는다. 따라서 그들의 유형을 파악하는 것이 우선이다. 켈러먼과 켈리 등의 유형 분석이 도움이 될 것이다.

둘째, 리더는 팔로워를 어떻게 육성할 것인지 고민해야 한다. 셀러프는 용기 있는 팔로워십 5가지 조건을 제시했다. ① 책임을 감수할 수 있는 용기 ② 섬길 수 있는 용기 ③ 도전할 수 있는 용기 ④ 변화에 동참할 수 있는 용기 ⑤ 도덕적 행동을 취할 수 있는 용기. 진정한 리더에게는 이러한 5가지 용기를 지닌 팔로워들에게 귀를 기울일 수 있는 용기가 필요하다. 팔로워들이 리더가 될 수 있도록 육성하는 것이 조직의 지속 성장 차원에서 가장 중요하다.

일반적으로 사람들은 리더를 과대평가하고 팔로워를 과소평가한다. 그러나 팔로워를 과소평가하는 것은 잘못됐다. 켈리도 "팔로워를 리더의 하수인 정도로 생각할 것이 아니라 독립적이고 능동적 주체로 인식해야 한다."라고 강조했다. 그리하여 모범형 팔로워가 될 수 있도록 리더가 영향력을 발휘해야 한다. 이때 리더는 효율적이고 윤리적인 리더가 되어야 한다. 그렇지 않으면 좋은 팔로워들은 저항하기 때문이다.

우리가 달성해야 할 조직목표를 팔로워들과 함께하고 그 과정에서 그들이 성장하고 행복할 수 있도록 리더가 도와줘야 한다. 리더는 팔로워십을 존중하고 그들의 주체성을 인정해야 한다. 그리고 그들이 일의 의미를 느낄 수 있도록 환경을 만들어 줘야 한다. 결코 쉬운 일은 아니지만 리더가 반드시 해야 할 일이다.

생각해 볼 화두

1. 조직 성공의 80~90%는 팔로워가 결정한다는 로버트 켈리 주장에 리더로서 당신은 어떻게 생각하는가?
2. 리더들은 팔로워를 왜 과소평가하는 경향이 있을까?

08

메타인지를
효과적으로 활용하려면?

"가끔 부하 직원에게 화를 내기도 하고, 제 감정이 잘 통제되지 않을 때가 있습니다. 사실 지나고 나면 그리 큰일이 아닌데 그렇게 됩니다. 어떻게 하면 좋을까요?"라고 K 임원이 코칭 과정에서 물었다. 그는 업무 능력이 뛰어나 CEO에게 신임을 받는 임원이다. 본격적으로 의견을 나누기에 앞서 질문했다. "궁극적으로 원하는 모습은 무엇입니까?" 그는 평정심을 잃지 않는 것이라고 답했다.

그래서 메타인지Metacognition 에 대해 이야기를 나누었다. 그는 어떤 내용인지는 대략 알고 있었으나, 평소 메타인지를 깊이 생각하며 업무를 하지는 않았다고 고백했다. 메타인지는 1976년 미국의 발달심리학자인 존 플라벨이 만든 용어다. 이는 내가 무엇을 알고, 무엇을 모르는지, 내가 하는 행동이 어떤 결과를 낼 것인지 등에 대해 아는 능력이다.

한국어사전에 보면 "자신의 인지과정에 대하여 한 차원 높은 시각에서 관찰, 발견, 통제하는 정신작용"이라고 되어 있다.

메타인지가 중요한 이유는 이를 통해 제대로 알게 되고, 이를 바탕으로 스스로 컨트롤을 할 수 있기 때문이다. 메타인지를 높이기 위해서는 먼저 자신에 대한 객관적인 인지가 요구되고, 그다음 자신을 둘러싸고 있는 상황과 사건에 대해 올바르게 인지해야 한다. 메타인지를 효과적으로 활용하는 세 가지 방법을 소개한다.

첫째, 자신의 생각과 감정에 대한 성찰이다.

우선 긍정적인 마인드가 필요하다. "자극과 반응 사이에는 공간이 있다. 그 공간에는 자신의 반응을 선택할 수 있는 자유와 힘이 있다. 그리고 우리의 반응에 우리의 성장과 행복이 좌우된다." 빅터 프랭클의 말이다. 이것은 그가 2차 세계대전 시절 아우슈비츠 수용소에서 유대인 대학살의 공포를 견디어 내며 살아남아 1945년 『죽음의 수용소에서 Man's search for Meaning 』라는 책에 기록한 내용이다.

비가 오는 상황에서 사람마다 반응이 서로 다른 이유는 무엇일까? 어떤 사람은 그리운 사람이 생각난다고 하고, 어떤 사람은 기분이 우울해진다고 하고, 어떤 사람은 오히려 차분해 져서 집중과 몰입이 잘된다고 하고, 또 어떤 사람은 부침개에 막걸리 한잔 즐기고 싶다고 한다. '비'라는 자극을 어떻게 해석하고 반응할지 자신의 마인드에 따라 선택

행복한 리더가 끝까지 간다

하기 때문이다. 따라서 자극과 반응 사이 자신의 공간을 최대한 긍정적인 에너지로 만들어서 자신의 성장과 행복을 위한 선택이 되도록 하면 얼마나 좋을까?

둘째, 메타-뷰 Meta-view 관점이다.

한걸음 떨어져서 전체 상황을 객관적으로 있는 그대로 보는 것이다. 비유하면 조감도 鳥瞰圖, Bird's eye view 이다. 새가 높은 곳에서 아래를 내려다보는 것처럼 전체 그림 속에서 지금 진행되는 상황이나 사건을 보는 것이다.

링 위에서 복싱을 하는 선수보다 코치가 전체 상황을 인지하고 선수에게 알려주는 것이 더 효과적이다. 훌륭한 운동선수가 그라운드에서 뛰면서 동시에 한 발짝 떨어져서 전체 판세를 읽고 상황에 적절하게 대응하는 것과 같다. 우리가 나무에만 몰입하여 신경 쓰다 보면 숲을 보는 것을 놓치기 쉽다. 의식적으로 내가 지금 숲을 보고 있는가? 자신이나 주변에 질문해 보는 것도 좋은 방법이다.

셋째, 상관관계와 인과관계를 구별하는 능력이다.

우리는 양자가 다름에도 불구하고 가끔 같은 것으로 인지하고 업무를 추진한다. A와 B라는 변수가 서로 같은 방향 또는 반대 방향으로 움직일 때 정正 또는 부負 의 상관관계 相關關係 가 있다고 본다. 그러나 인과관계 因果關係 는 A가 B에게 영향을 미치거나 B가 A로부터 영향을 받는 것으로 이때 A는 독립변수로 종속변수 B의 원인이 되는 관계이다.

과학자, 통계학자들은 "상관관계는 인과관계를 나타내지 않는다. Correation does not imply Causation "라고 말한다. 다만 상관관계는 인과관계의 단순한 필요조건의 하나다. 인과관계는 특정한 조건을 만족하는 상관관계다. 따라서 서로 관계가 있다고 해서 당연히 원인과 결과의 관계라고 인식해서는 곤란하다. 어찌 보면 이 둘의 관계를 구분할 수 있는 것이 지혜의 영역이고 메타인지가 높다고 할 수 있다.

다음은 조직의 리더들이 관심을 갖고 있는 내용의 일부이다. 상관관계일까 인과관계일까?

- 회사생활에 만족하면 조직 구성원은 항상 더 좋은 성과를 낸다.
- 월급을 많이 주면 조직 구성원은 사기가 올라간다.
- 상황과 관계없이 리더의 일관성 있는 행동은 언제나 조직 구성원을 따르게 한다.

심리학자 리사 손 교수는 스스로 모르는 것이 무엇인지 알아가는 것이 메타인지의 가장 중요한 부분이라고 했다. 따라서 리더는 더욱 겸손하고 긍정적인 마인드로 상황을 전체적, 객관적, 인과 관계적으로 보는 메타인지를 높여야 한다. 그러면 평안하고 고요한 마음인 평정심을 유지하면서 포용과 소통의 리더십을 발휘할 수 있다.

행복한 리더가 끝까지 간다

09

어떻게 조직 변화를 이끌어 낼 것인가?

조직은 하나의 시스템이다. 환경과 끊임없는 투입과 산출을 교환하며 생존하고 성장한다. 그런데 환경 변화에 적절하게 대응하지 못하면 살아남을 수 없다. 조직 변화는 조직을 구성하고 있는 사람, 구조, 기술 등이 변화하는 것을 말한다. 조직개발은 조직 변화를 계획하고 실행하고 평가하고 피드백하는 과정이다.

워렌 베니스의 말이다. "조직개발은 변화에 대한 대응책으로 새로운 기술과 시장 및 도전과제, 어지러울 정도로 급격한 변화 속도에 조직이 더 잘 적응할 수 있도록 조직의 신념, 태도, 가치, 구조를 변화시키기 위한 복합적인 교육전략이다."

조직 변화에 대한 압력은 외부압력과 내부압력으로 나눌 수 있다.

전자에는 4차 산업혁명시대 기술 발전 및 시장 변화와 밀레니얼 세대 증가, 교육 수준, 여성의 사회진출 등 인구 통계학적 변화 그리고 정치 사회적 변화 등이 있다. 후자엔 구성원의 기대 차이, 생산성 저하, 직무 불만족, 보상제도 등 다양하다. 이런 대내외 압력을 극복하고 조직 유효성을 높이기 위해 조직 변화와 개발이 필요하다.

그런데 현실에서는 저항이 일어나기 마련이다. 예를 들면 바빠서 못한다는 핑계의 말, 이 정도면 괜찮다는 현실주의적인 말, 다음에 하자고 미루는 말, 너나 잘 해 봐 비꼬는 말, 네가 뭔데 나서는 거야 비하의 말, 그건 해도 안 된다는 소극적인 말, 좋긴 하지만 예산이 많이 든다는 변명의 말 등 다양하게 나타난다.

사실 조직을 바꾸는 어렵다. 개인, 집단, 조직 차원의 변화 세 가지가 동시에 변해야 하기 때문이다. 조직 구성원 개인의 행동, 가치관, 몰입, 만족도 등이 변해야 한다. 집단 활동상 손실을 최소화하고 그 장점들을 최대한 활용해야 한다. 또한 내외적 변화에 대응해 조직이 생존하고 성장해야 한다.

그렇다면 어떻게 조직 변화를 이끌어 낼 것인가? 말처럼 쉬운 일은 아니다. 변화가 필요한 상황에서 대처 방식은 통상 두 가지다. 하나는 압력에 천천히 대응하는 점진적 변화 evolutionary change 이고, 다른 하나는 압력에 바로 대응하는 급진적 변화 revolutionary change 다. 이 두 방식은 장단점이 있다. 따라서 상황과 조직 특성에 맞게 선택하여 추진하는 게 바람직하다. 다음은 조직 변화에서 중요한 것 세 가지다.

첫째, 체계적 통합적 추진이다.

조직 변화를 위한 프로그램엔 리엔지니어링, 리스트럭쳐링, 학습조직, 핵심역량 구축, 식스 시그마, 벤치마킹, 베스트 프렉티스, ERP ^{전사적} ^{자원관리}, BSC ^{균형성과 평가 제도}, TQM ^{전사적 품질경영} 등이 있다. 중요한 것은 무엇을 어떻게 변화시킬지를 찾아내는 일이다. 직원들과 공감대를 형성하고 체계적이고 통합적으로 하는 것이 필수다.

2000년대 초반 포스코는 조직 진단과 PI ^{프로세스 혁신}를 통한 ERP 도입과 이어서 식스 시그마를 추진했다. 조직 변화 일환으로 환경 변화에 대응하여 고객 중심의 경영과 일하는 방법을 개선한 것이다.

레윈^{Kurt Lewin}은 3단계 조직 변화 모델을 제시했다. 해빙^{Unfreezing}, 변화 ^{Changing}, 재동결^{Refreezing}이다. 해빙은 변화의 필요성을 인식하는 단계이고, 변화는 현재 상태에서 새로운 상태로 이동하는 단계이며, 재동결은 새로운 변화 상태를 유지하고 안정화하는 단계다. 좀 쉽게 비유하자면 냉동실의 둥근 통에 얼어 있는 얼음덩이를 꺼내어 녹여서(해빙) 조직이 원하는 사각형의 새 그릇에 부어서(변화) 다시 냉동실에 넣는(재동결) 작업이다.

둘째, 위기의식을 느끼기다.

존 코터 John Kotter 가 주장하는 성공적인 조직 변화 단계다. 그는 1단계 위기의식 고취, 2단계 주도세력 결집, 3단계 비전과 전략 구축, 4단계 비전 전파, 5단계 임파워먼트, 6단계 단기 성과 축적, 7단계 변화 확대, 8단계 조직문화로 재결빙이다. 그는 조직 변화 1단계의 "변화하지 않으면 망할 수도 있다."라는 위기의식 고취가 관건이라고 조언한다. 그리고 조직 변화의 70~90%는 조직 최고 경영층의 리더십에 의해 결정된다고 한다. 최고 경영자 역할이 조직 변화의 성공에 얼마나 중요한지 알 수 있다.

셋째, 전 구성원 공유하기다.

기업은 조직 변화를 효과적으로 시현하기 위해 'Change Agent 변화 담당자'를 구성한다. 가장 중요한 것은 이들의 선도에 따라 전 직원이 공유하고 실천해야 한다. 변화에 대한 구성원의 태도는 다음과 같다. 선도자, 초기 지지자, 동조자, 마지못해 따라가는 자, 회의적인 자, 반대자 등이다.

변화를 추구하는 데 최종적으로 전 직원이 동참해야 하지만, 조직 개발 초기 변화 담당자인 선도자와 초기 지지자를 얼마나 확보하느냐가 관건이다. 한 연구결과를 보면 정상적인 경우 초기 지지자의 비중이 15%인데 반해, 성공적인 변화를 위해서는 적어도 25~30%를 확보하고 시작해야 한다는 것이다. 이것은 『손자병법』의 선승구전 先勝求戰 에 비유될 수 있다.

CEO든 임직원이든 구성원은 환경 변화에 적극 대응해야 한다. 그래야 조직이 생존하고 나아가 지속 성장을 도모할 수 있다. 그 속에서 자신들도 성장과 성취를 이룰 수 있다. 한 치도 앞을 낙관할 수 없는 시대다. 이젠 조직 변화와 개발은 필수다. 한 조직의 생존은 이를 수용하고 발전시키는 조직문화에 달려 있다.

구성원들이 이런저런 핑계를 대면서 미루면 그 결과는 뻔하다. 이 세상에 핑계로 성공한 사람은 가수 김건모뿐이라고 한다.

생각해 볼 화두

1. 조직 변화의 70~80%는 최고 경영자의 리더십에 의해 결정된다고 한다. 당신의 조직은 어떠한가?
2. 성공적인 조직 변화를 위해서는 초기 지지자를 적어도 25~30% 확보하고 시작해야 하는데 당신의 조직은 어떠한가?

행복한 리더가 끝까지 간다

10

업무가 바뀌었을 때
어떻게 하면 효과적일까?

글로벌 기업 모 임원과 코칭 세션 과정 중 있었던 일이다. 그의 업무가 바뀌었다. 핵심 업무이긴 하지만 비교적 소규모 조직을 운영했었다. 그때는 산하에 팀 단위 조직이 7개였다. 그런데 영업본부를 맡게 됐다. 산하에 임원이 7명이나 되고 팀 단위가 40개인 대규모 조직이다. "어떻게 대조직을 운영하면 좋을까요?", "영업조직 특성상 CEO가 판매량, 매출액 등 숫자에 민감하여 다소 스트레스가 쌓입니다. 하지만 돌파할 자신이 있습니다." 그의 고민이다.

그는 이순신 장군 이야기를 꺼냈다. "이순신 장군이 일본군의 총탄에 맞아 전사하였다는 것은 전쟁의 최일선에 있었기 때문입니다. 저도 영업의 최일선에서 뛰겠습니다."라고 말했다. 기록에 의하면 성웅 이순신 장군은 1598년 12월 일본과 7년 전쟁을 종식시킨 노량해전에서 전사했다. 한국 영화사상 1,700만 명 이상이 관람하여 관객 1위를 기록한 〈명량〉도 이순신 장군 이야기다. 명량해전에 앞서 "전하, 신에게는 아직 12척의 배가 남아 있습니다."라고 말한 이순신 장군의 이야기는 숙연하게 한다.

필자가 질문을 했다. "당시 이순신 장군의 상황과 지금 영업본부의 현실을 비교하면 어떤가요?" 그리고 "영업의 최일선에서 뛰는 것도 중요하지만, 그러면 산하 임원이 자발성을 갖고 업무에 임할 수 있겠습니까?" 그는 한참 생각하더니 "제가 최일선에서 뛰는 것과 임원들을 최일선에서 뛰게 하는 것 간의 균형이 요구되네요. 임원들이 자발성을 가질 수 있도록 하는 데도 신경을 쓰겠습니다."라고 했다. 누구든지 새로운 업무를 맡았을 때 초기에 반드시 해야 할 네 가지가 있다.

첫째, 자신이 이루고자 하는 목표를 명확히 선언해야 한다.

코칭 시 그에게 이런 질문을 했다. "그룹 본사에서 신임 영업본부장에게 기대하는 것은 무엇입니까?", "한국 사장은 무엇을 바라고 있나요?", "영업본부 임직원들은 무엇을 요구하고 있나요?" 그는 이 질문에 대해 정리하여 연말, 3년 후 바람직한 모습을 그려보겠다고 했다. 그 모습을 명확히 하여 선언하도록 요청했다.

둘째, 산하 조직과 인원의 재편성을 고려해야 한다.

특히 조직이 클수록 더욱 필요하다. 조직의 매너리즘을 타파하고 구성원의 마음가짐을 새롭게 할 수 있는 원동력을 만들어야 한다. 바둑에 '아생연후살타我生然後殺他'라는 교훈이 있다. 내부 정비를 먼저하고 그다음 세력을 확장해 나가는 것이다. 조직 내 강약점을 분석하고 내부역량을 모아야 한다. 관련된 부서 간 시너지가 날 수 있도록 협업체제를 만들어야 한다. 구성원의 강점을 최대한 살릴 수 있도록 사기 Morale 를 북돋아야 한다.

셋째, 조직 전체 차원에서 우선순위에 의한 시간 관리를 해야 한다.

당면 과제뿐만 아니라 전체 목표를 함께 봐야 한다. 하그로브 박사가 『First 100일 리더십 전략』에서 강조한 경영자의 시간 관리 4등분을 참고할 만하다. 불가능해 보이는 미래, 일상 업무, 경영진 팀 구성원 역할, 재충전을 균형 있게 해야 한다는 것이다. 이에 경영자와 리더는 하루를 네 등분으로 나누어 스스로 다음 질문을 하고 실천해야 한다.

- 당신이 불가능해 보이는 미래를 실현하는 데 있어 오늘 가장 중요한 일이 무엇인지 선택하고 그것을 실행하라.
- 당신의 일상 업무 중 오늘 가장 중요한 일이 무엇인지 선택하고 그것을 실행하라.
- 오늘 다른 경영진을 도울 수 있는 가장 중요한 일이 무엇인지 선택하고 그것을 실행하라.
- 당신의 개인적 회복을 위해 오늘 가장 중요한 일이 무엇인지 선택하고 그것을 실행하라.

넷째, 목표 달성, 즉 성과 측정 지표에 대한 구성원과의 공유다.

특히 영업 부분은 숫자만 강조하는 경향이 있는데, 피터 드러커 교훈을 새길 필요가 있다. 그는 경영자를 포함한 지식 근로자에게는 목표 달성 능력이 가장 중요하다고 강조하면서 공헌에 초점을 맞추는 것이 목표달성을 위한 중요한 열쇠라고 했다. 그러면서 그는 숫자로 된 직접적인 결과 산출, 조직의 존재 이유인 가치를 창출하고 재확인, 내일의 조직을 운영할 인재육성 이 3가지가 성과라고 했다.

새로운 조직을 맡게 되면 무엇부터 해야 할지 망설여지거나 또는 내가 하고 있는 일을 잘하고 있는지 등 여러 가지 고민이 있을 수 있다. 이때 자신이 하고 싶은 일과 현재 하고 있는 일을 객관화해 볼 필요가 있다. 이를 위해 사내외 코치와 대화함으로써 자신이 하려고 하는 방향성과 추진력을 성찰해 보는 것도 좋은 전략이다. 무엇이든지 힘들 땐 '같이'하면 '가치'를 낼 수 있다.

생각해 볼 화두

1. 당신은 업무가 바뀌었을 때 무엇부터 하는가? 그 이유는 무엇인가?
2. 하그로브 박사가 제시한 경영자의 시간 관리 4등분에 대한 당신의 생각은 무엇인가?

11

조직 내 선출직에서
당선되려면?

과거 산업화 시대에서는 효율성을 중시해 조직 내에서 선출직 대신에 임명하는 사례가 많았다. 그러나 앞으로는 자기 의견을 자연스럽게 표출하는 밀레니얼 세대가 직장인 대다수를 차지하면서 임명하는 사례와 더불어 선거에 의해 선출하는 사례가 늘어나리라 생각한다. 이때 당선에 어떤 것이 영향을 미칠까? 필자는 네 가지를 고려해 보는 것이 필수적이지 않을까 생각한다. 첫 글자만 따서 만든 '인이구자'이다

첫째, 인물이다.

자신이 그 자리에서 역할을 할 수 있는 '역량과 자신감'이 가장 우선이다. 즉 맡은 역할에 대한 전문성이 있어야 한다. 함께하는 사람들과 호흡을 맞출 수 있는 탁월한 커뮤니케이션 능력도 요구된다. 한편 과거의 흠이 너무 크면 사람들의 동의를 받기 어려울 수 있다. 따라서

211

평소의 언행과 행동이 미래에 영향을 미친다는 것을 명심해야 한다. 그리고 어떤 역할도 해 낼 수 있다는 자신감과 더불어 열정이 있어야 한다. 이것이 역량과 연계되어 성과를 만들기 때문이다.

둘째, 이슈다.

모든 선출직에서 매우 중요한 것은 그 조직이나 위원회 등의 가장 핵심적인 이슈를 어떻게 선점하느냐. 조직이나 구성원이 가장 해결하고 싶은 주제는 무엇인가? 우리 조직의 미래 모습은 무엇인가? 끊임없이 변하는 환경 속에서 어떻게 효과적으로 대응해야 할 것인가? 본인의 생각뿐만 아니라 사전에 구성원들 서베이 FGI Focus Group Interview 를 통해 이슈를 파악하고 있어야 한다. 그리고 그 이슈에 대한 생각과 해결 방향 및 실행 방안을 가지고 있어야 한다.

셋째, 구도다.

선출하는 인원수와 후보자가 동수일 때는 투표 없이 당선이 되겠지만 대부분 상대가 있고 경쟁률도 높을 수 있다. 이때 상대 후보가 누구냐에 따라 당선 가능성이 달라진다. 모든 선거에서 내가 상대하는 후보가 누구인지 그 구도가 굉장히 중요하다. 이념 성향 등이 같은지 다른지가 관건이 될 수 있다. 트럼프 대통령이 당선될 때 힐러리가 아니라 샌더스가 상대 후보였다면 결과는 장담할 수 없었을 것이라는 미국 내 분석 기사를 본 적이 있다. 상황에 따라 강적을 만나면 선거로 상처를 입지 말고 차기를 생각하는 것도 한 방법이다.

넷째, 자원 봉사자다.

선거는 절대 혼자 하는 것이 아니다. 나를 지지해주는 자원 봉사자가 필요하다. 사람들은 이를 세력이라고도 한다. 자발적으로 도와주는 사람이 선거에서 힘이다. 나는 그들에게 진정으로 존경받는 사람인가? 스스로 질문하면서 활동해야 한다. 나를 진심으로 지지하고 도와주는 적극적인 자원 봉사자의 수를 어떻게 늘리느냐가 중요하다. 그들이 후보자의 생각을 대변해 주기 때문이다.

한 가지 팁을 제시한다면, 선거 과정에서 자신의 의사를 표현하는 기회가 많은데 이때 공동체 의식을 나타내는 것이 좋다. 예를 들면 '나'라고 하는 1인칭을 앞세우는 것보다 '우리'라는 공동체를 사용하여야 한다. 구성원들과 함께 미래를 만들어 간다는 인식을 심어주어 그들의 마음을 얻는 것이 성패를 좌우하기 때문이다.

필자가 포스텍에서 수업을 할 때 있었던 일이다. 첫 시간에 A 학생이 질문을 하였다. "제가 이번 총학생회장에 출마하려고 하는데 유익한 팁을 주실 수 있나요?" 그러면서 "경영학과 조직행동론 수업을 들으면 선거에 도움이 되나요?" 하고 물어서 당연히 도움이 된다고 얘기했다. 이 과목은 전략과 사람을 Management 하는 학문이고 학생이 어떻게 활용하느냐에 따라 결과가 다르게 나올 것이라고 했다. 그 후 그는 총학생회장이 되었고 학생들의 니즈를 주기적으로 파악하고 총장 등 해결해 줄 수 있는 분들과 대화하면서 스스로 성장해가는 모습을 보여주었다.

필자도 Non-profit 단체에서 이사 선거 경험을 하면서 상기 사항이 중요함을 새삼 느꼈던 경험이 있다. 이 네 가지는 어떤 포지션에 선출되기 위한 면접과정에서 후보자에게도 마찬가지로 적용될 수 있다.

생각해 볼 화두

1. 나는 선출직에 도전해 본 경험이 있는가? 혹시 망설여진다면 그 이유는 무엇인가?
2. '인이구자' 외 선출직에 영향을 주는 또 다른 요소는 무엇일까?

행복한 리더가 끝까지 간다

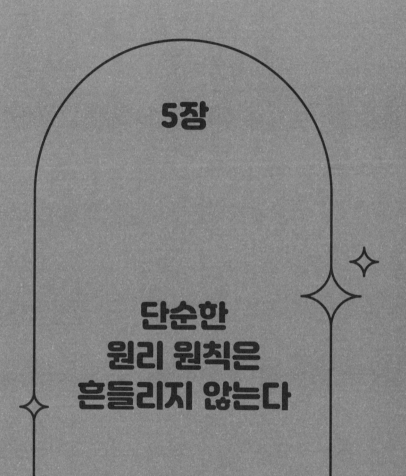

5장

단순한
원리 원칙은
흔들리지 않는다

01

나는 어떤 사람이고,
어떤 가치를 추구하고 싶은가?

직장인들은 각자 자신을 얼마나 잘 알고 있을까? 주변 직장인들 사례를 살펴보면서 이번 기회에 자신이 어떤 사람이고, 어떤 가치를 추구하는지 정립해 보면 어떨까? 이에 직장인들에게 스스로 질문하고 답을 하는 셀프 코칭을 요청했다. 이는 자신이 얼마나 행복한지 그리고 조직과 사회에 어떤 공헌을 하면서 성장할 것인지를 파악할 수 있는 가장 기본이 되는 질문이다.

A는 이 질문이 40년 만에 처음으로 자신이 무엇을 좋아하고 싫어하는지 그리고 무엇을 원하는지에 대한 고찰과 정리를 해 주었다고 고백했다. 그는 열심히 노력하면 원하는 바를 다 이루고, 죄를 지으면 벌을 받는 상식적인 것들과 상황을 좋아한다고 했다. 그러면서 어쩌면 스스로에 대해 가장 모르는 사람이었다는 생각이 들었다고 한다. 리더로

서 성장하기 전 준비해서 리더가 되었나? 반성도 하게 되고 실제 좋은 커뮤니케이터가 되고 싶다고 했다. 그는 사회적 성공을 이루는 과정에서 도덕적 기준과 선함을 잃지 않겠다고 다짐했다.

B는 이 질문에 과거의 자기 자신을 성찰하게 되었다고 했다. 단기적인 성과를 추구하며, 일방적인 지시와 명령으로 조직 구성원을 독려하고, 추진 결과의 단점을 지적하며 칭찬에 인색한 보스형 리더였다고 반성했다. 이제는 경영환경과 시장변화에 대처하는 경영능력과 합리적 리더십을 발휘하여 강소기업으로 성장시키겠다고 했다. 더불어 비전과 혁신을 추구하는 존경받는 경영자로 거듭나겠다고 했다.

C는 이 질문을 통해 과거 MBTI 성격검사 결과가 먼저 떠올랐다고 했다. 지금도 여전히 ENTP(발명가형)라고 했다. 이 성격검사 유형은 16가지로 제시되는데 각각 업무 관련 강점과 약점이 있다. 그는 자신이 최근 쉽게 지루해하고 딴 길로 새는 경향이 있다는 것과 단순 반복적인 일을 싫어한다는 것을 깨닫고 다음과 같이 주 1회 셀프 질문을 하겠다고 했다. 한 주간을 돌아보며 성취한 것과 감사할 것은 무엇인가? 다음 주에 이루고자 하는 목표는 무엇이며, 목표 달성을 방해하는 요소는 무엇인가? 목표를 달성했을 때 나의 기분과 어떤 보상을 받고 싶은지 상상해 보자.

D는 자신을 '높새바람과 같은 사람'으로 묘사했다. 산을 넘어 불어

오는 높새바람처럼 끊임없는 인내와 끈기로 어렵거나 불가능해 보이는 상황에서도 일을 도전적으로 추진하는 사람이라는 것이다. 인생은 개척해 나가야 한다는 것이 그의 주장이다. 따라서 자기 이름 석 자를 자신의 업무 현장에 남기고 싶고, 후배들이 회사 서비스업의 롤 모델로 여길 수 있도록 인정받는 사람이 되겠다고 했다.

E는 이 질문에 "진짜 나는 어떤 사람인가?"를 떠올렸고 내가 나를 어떻게 평가하지? 객관성이 많이 반영될 수 있을까? 하는 생각도 들었다고 했다. 그러나 자신을 돌아보고 반성과 다짐의 시간이 되었다고 했다. 그는 10년 20년 후 과연 나는 어떤 사람이 되고 싶은지 생각해보니 자신의 주변 누군가에게 인생조언자로 기댈 수 있는 사람이 되고 싶다고 했다. 그게 가족이든 조직이든 교우관계이든 자신의 소중한 사람에게 믿음을 주겠다고 했다. 그는 '나는 도움을 줄 수 있어.'라고 자신감 가득 찬 모습으로 실천을 다짐했다.

"나는 어떤 사람일까?"에 대해 처음에는 가벼운 질문이라고 생각하고 한 번에 정의를 내릴 수 있다고 생각했는데, 결코 답을 하기 쉽지 않은 질문이라는 것을 알게 되었다는 경영자도 있었다. 시간이 더 필요하다고 했다. 솔직한 표현이라 생각한다. 평소 주어진 막중한 업무로 자신을 생각해 볼 여유가 없을 수도 있고, 현재의 자기 자신과 주위 사람들에게 기억되고 싶은 자기 자신 사이에 갭이 존재하여 혼란스러운 경우도 있을 수 있다.

앞에서 언급한 사례들은 직장인 각자 최상의 모습이다. 이를 참고하여 독자 여러분들도 이번 기회에 자신과 대화하는 유용한 방법으로 활용해 보면 어떨까? 이러한 성찰 질문의 결과를 통해 자신만의 최상의 모습인 존재감, 정체성을 정리하여 실천해 보자.

자신이 어떤 사람인지 알고 자신이 추구하는 가치에 집중하게 되면 자신의 행복과 조직에서의 성장을 동시에 이룰 수 있을 것이다. 사서삼경의 하나인 『대학大學』에 나오는 "수신제가 치국평천하修身齊家 治國平天下"도 시작은 수신修身이다. 그러려면 먼저 자신의 마음을 바로잡아야正心 하고, 자신의 마음을 바로잡으려는 사람은 자신을 뜻을 진실하게 하여야 한다誠意는 것처럼 말이다.

직장인들에게 자신은 어떤 사람이고, 어떤 가치를 추구하고 싶은지에 대해 셀프 코칭을 권한 적이 있다. 이에 대해 직장인 초년생부터 경영자까지 많은 이들이 공감하면서 피드백을 주었다. 더러는 직장인 각자 최상의 모습 사례를 보면서 "과연 나는 어떤 사람인가?" 재정립할 수 있었다고 했다. 그중 몇 가지 사례를 소개한다.

어느 사회 초년생 A는 이상理想은 높은데 아직 역량의 부족함을 느끼게 된다고 솔직히 말했다. 그러나 앞으로 전문가로 성장해 21세 때 꿈꾸었던 글로벌 혁신학교 설립을 반드시 이루어 가겠다고 다짐했다. 그리고 추구하고 싶은 가치로 '정의正義'를 실현하고 싶다고 했다. 모든 사람들이 원한다면 권위에 도전할 수 있는 기회를 보장받도록 하겠다는 것이다. 그에게 권위란 기존에 지켰던 법, 원칙, 관습, 문화 등이며, 기회에는 교육이 포함된다고 했다. 젊음의 패기를 느낄 수 있었다.

중간 관리자 B는 이해관계자와 화합을 추구하고, 타인과 언쟁을 피하면서 경청을 잘하는 사람이라고 말했다. 자신의 주장을 강하게 내세우기보다는 모든 것을 수용하려는 성향이 강하며 활동적인 사람이라고 했다. 이루고 싶은 미래는 부드러우면서도 힘 있는 언행, 실행력의 가치를 추구하고 싶다고 했다. 그는 조직에서 말만 앞서는 언행 불일치 리더들의 모습을 보면서 자신은 그렇게 하지 않겠다고 다짐했다. 모든 것이 브랜드화되는 시대에 본인만의 브랜드를 정립하겠다고 했다. 그를 만나는 모든 사람들에게 선한 영향력이 미치리라 생각한다.

40대 중반인 중소기업 대표 C는 이 셀프 코칭 질문을 접하며 쉽게 책상에 앉지 못했다고 털어놨다. 실제로 어릴 때 가난한 환경과 아버지의 부재로 또래 친구들에 비해 일찍 독립적인 삶을 살았다고 했다. 그 힘이 바탕이 되어 작은 자본으로 빠르게 사업에 뛰어들었고 하면 된다, 할 수 있다는 자신에 대한 믿음으로 현재까지 달려왔다고 했다. 그는 자기 삶의 슬로건을 "생각하고, 쓰고, 말하면 현실이 된다."라고 정하고 앞만 보고 왔다고 했다.

그러나 지금 시점에서 미래에도 이 가치를 유지할 것인가? 묻는다면 반은 그렇고 반은 그렇지 않다고 했다. 앞으로는 더 개방적인 사고로 타인에게 공감하고, 타인의 생각을 이해하고 경청하는 자세를 갖고 싶다고 했다. 삶은 혼자서 이룰 수가 없기 때문에 자신의 삶이 다른 사람의 귀감이 될 수 있다면 더 행복할 것이라고 했다. 그는 이어서 10년 후 미래에 또 셀프 코칭을 한다고 생각하니 마음이 설렌다고 했다. 직원 50여 명과 자신의 미래를 열어가는 그를 응원한다.

우리는 직장생활에서 성장의 변곡점을 이루려면 무엇이 됐건 어떤 자극이 필요하다. "성을 쌓는 자 망하고, 길을 내는 자 흥한다."라는 칭기즈 칸의 말처럼 길을 내려면 인생의 목적과 직장에서의 목표가 분명해야 하지 않겠는가? 이런 목적과 목표를 재정립하기 위해 다음 셀프 코칭 질문에 스스로 답을 해 보길 권한다. "나는 어떤 사람이고, 어떤 가치를 추구하고 싶은가?"의 연장선이다.

- 나는 어떤 꿈을 가지고 있으며, 그 꿈이 이루어졌다고 가정하면 어떤 생각과 느낌이 드는가?
- 내가 새로운 사업의 CEO가 되었다면, 지금까지 해 오던 것 중 계속 유지할 것과 다르게 하고 싶은 것은 무엇인가?
- 내가 이루고자 하는 비전과 목표를 위해 꼭 해야 하는 것은 무엇이고, 하지 말아야 할 것은 무엇인가?
- 나는 현 직장에서 언젠가 떠날 때 어떤 사람으로 기억되고 싶은가?

행복한 리더가 끝까지 간다

이제 셀프 코칭의 결과를 실천에 옮겨 변화를 이루어야 할 때다. 제임스 클리어는 『아주 작은 습관의 힘ATOMIC HABITS』에서 변화는 다음 두 단계로 이루어진다고 했다. 첫째는 어떤 사람이 되고 싶은지 결정하는 것이고, 둘째는 작은 성공들로 스스로에게 증명하는 것이라고. 이를 위해 좋은 습관을 만드는 방법으로 네 가지를 제시했다. 첫 번째(신호)에서 분명하게 만들어라. 두 번째(열망)에서 매력적으로 만들어라, 세 번째(반응)에서 하기 쉽게 만들어라. 네 번째(보상)에서 만족스럽게 만들어라.

그는 습관은 자동적으로 실행될 때까지 여러 번 반복한 행동이라고 했다. 또 습관의 궁극적인 목적은 적은 에너지와 노력으로 인생의 문제들을 해결하는 것이라고 했다. 우리는 여기서 더 나아가 자신이 어떤 사람이고 어떤 가치를 추구하는지를 설정하고, 변화란 어렵다는 고정관념을 깨고 작은 습관의 힘으로 자신이 해야 할 체크리스트를 실천하면 꿈을 이루어 가며 성장과 행복도 함께할 수 있을 것이다.

생각해 볼 화두

1. 당신은 어떤 사람이고 어떤 가치를 추구하고 있는가?
2. 변화하기 위한 습관에 필요한 자신만의 체크리스트는 무엇인가?

마태효과 vs 마가효과

조직 내에서 경쟁과 협력을 통한 시너지를 내려면 리더로서 어떻게 해야 할까? 리더가 달성해야 할 조직목표와 업무성과 창출을 위해 개인 간 그리고 조직 간 경쟁의 적정선은 어디까지일까? 경쟁이 없다면 조직은 매너리즘에 빠지는 걸까? 리더들의 고민이 아닐 수 없다.

포 브론슨의 『승부의 세계』에는 마태효과와 마가효과 이야기가 나온다. 마태효과라는 말은 사회학자인 로버트 머튼이 1968년에 만든 것이다. 경쟁 초기에 앞선 사람들은 시간의 흐름에 따라 취약한 다른 경쟁자들과의 격차를 점점 더 벌리면서 훨씬 더 좋은 인적, 물적 자원들을 충분히 공급받는 경향이 있다는 말이다.

예를 들면 우수한 학생들은 우수한 학교에 들어가게 되고 거기서 우수한 교사들에게 지도를 받고, 우수한 선수들은 우수한 팀에 발탁되어 우수한 코치들에게 훈련을 받아 앞서간다는 것이다.

이 마태효과는 "무릇 있는 자는 받아 넉넉하게 되되, 없는 자는 그 있는 것도 빼앗기리라."라는 성경 마태복음 구절에서 나왔다. 반대로 마가효과는 "먼저 된 자로서 나중 되고 나중 된 자로서 먼저 될 자가 많으리라."라는 성경 마가복음 구절에서 나왔다. 마가효과라는 말은 2009년 시카고 대학 메튜 보스너가 한 말로 마태효과와 반대로 행동하면 즉 취약한 경쟁자들을 붙들어주기 위해 자원을 재분배하려고 할 때마다 나타난다고 했다.

이 세상에는 상대 경쟁자들이 불평등한 상황에 처할 때 그들을 도와줄 수 있는 방법들이 무한하다. 즉 경쟁은 서로 평등한 지점에서 출발해야 한다는 사실을 재점검해야 한다. 재분배가 이루어지지 않으면 앞서가는 사람을 따라갈 수 없으니 경쟁 자체가 무의미해질 수밖에 없다.

이를 보면 리더는 조직 구성원의 동기부여와 조직성과 창출 과정에서 앞서가는 사람들을 격려하고, 취약한 경쟁자에게도 자원을 재분배하여 그들의 역량을 상향케 함으로써 조직 전체의 목표를 달성하고 시너지를 내도록 해야 한다. 이러한 역량개발 노력과 성과를 위해 인사평가 기준도 보완되어야 한다.

삼성전자 권오현 회장은 자신의 저서 『초격차: 리더의 질문』에서 초격차 조직문화의 조건으로 도전, 창조, 협력을 강조하면서 진정한 협력은 무엇인가? 하는 화두를 던졌다. 협력이란 영어 단어로 코퍼레이션 cooperation, 컬래버레이션 collaboration, 팀워크 teamwork 가 있다며 그 차이를 설명하였다.

코퍼레이션은 어떤 사람이 길을 가다가 과일이 든 바구니를 떨어뜨렸을 때, 쏟아진 과일들을 함께 주워 담는 것으로 특정한 의도가 있어서가 아니라 자연적으로 또는 감정적으로 접근하는 것이다. 즉 회사에서 동료가 힘들게 일하고 있을 때, 응원하는 차원에서 함께 야근하는 식이다.

반면 컬래버레이션은 특정한 목표를 달성하기 위해 해야 할 일을 분배하고 때로는 일이 진행되는 과정 속에서 개개인의 희생도 따르는 것이다. 예를 들면 축구나 농구 경기에서 내가 골을 넣고 싶어도 나보다 골을 잘 넣는 동료가 좋은 위치에 있으면 패스하는 것이다. 어시스트를 중시하는 이유가 무엇일까? 우리의 조직문화에 필요한 협력의 의미일 것이다.

팀워크는 구성원의 역할이 명확히 정해져 있는 것이다. 모두 각자의 역할을 잘 할 때만이 소기의 목표를 달성할 수 있다. 누구 한 명만 잘 했다고 목표를 달성할 수도 없고, 누구 한 명이라도 역할을 제대로 하지 못하면 업무는 실패하게 되는 것이다. 조정경기 선수나 우주선의 우주인을 떠올려보라.

리더들은 이 세 가지 차이점을 인식하고, 조직 목표달성을 위해 우리가 어떤 협력을 해야 할 상황인지를 조직 구성원들과 공유해야 한다. 이제 조직을 책임감 있게 이끄는 리더로서 다음과 같은 질문에 스스로 답하고 실천해보자.

- 나는 리더로서 경쟁과 협력의 균형을 어떻게 맞추고 있는가?
- "팀보다 위대한 선수는 없다."라는 말을 조직 구성원들은 어떻게 인식하며 어떻게 실천하고 있는가?
- 경쟁이 창조의 동기를 유발시킨다는 연구결과에 대해 어떻게 생각하는가?
- 경쟁하려면 위험을 감수해야 하는데 리더로서 어떤 방안이 있는가?
- 우리 조직의 매너리즘 수준은 어느 정도이고 해결책은 무엇인가?

리더는 어떤 형태로든 조직이 나아가야 할 방향성을 조직 구성원과 한 방향으로 정렬을 하고, 그들에게 과감한 권한 위임으로 자율성을 보장해야 한다. 그들이 어려워할 때 친구처럼 코치형 리더가 되어 그들의 이야기를 경청하고, 애로사항을 묻고 해결해 줘야 한다. 그러면 "조직은 평범한 사람들이 비범한 성과를 내게 만든다."라는 피터 드러커의 이야기를 실현하는 리더가 될 것이다. 물론 이것 역시 생각이 아니라 행동에 달려 있다.

03

시간 관리가 미래 관리다

필자는 젊은 직원들과 이야기할 때 시간 흐름에 대한 질문을 하곤 한다. 당신은 시간 흐름이 과거-현재-미래로 아니면 미래-현재-과거로 흐른다고 생각하는가? 많은 직원들이 과거-현재-미래로 흐른다고 이야기 한다. 왜 이렇게 생각할까? 현재 나를 만든 것은 과거 자신의 행동이라고 생각하기 때문이다. 필자는 그것이 역사 history 이고 맞는 이야기지만 시간 흐름은 차원이 다른 것이라고 덧붙인다.

가령 필자가 A임원과 코칭하면서 다음 코칭세션을 2주일 후로 잡았다면 그 시점에서 2주일 후는 미래가 된다. 그런데 그 만남은 곧 다가와 현재가 되고 종국엔 시간이 과거로 흘러간다. 따라서 미래에 우리가 달성해야 할 목표와 계획이 있으면 그것을 준비하여 실행함으로서 이룰 수 있다. 만약 목표가 없다면 시간 관리를 어떻게 할 수 있는가?

시간 관리는 곧 미래관리라고 본다.

피터 드러커는 시간에 대해 우리에게 영감을 주었다. 시간은 다른 자원과 달리 한정된 자원이다. 시간 공급은 완전히 비탄력적이다. 아무리 수요가 많아져도 시간의 공급을 늘릴 수 없다. 시간에는 가격도 없고 한계효용 곡선이라는 것도 없다. 그가 제시한 시간관리 3단계다.

- 사용할 수 있는 시간이 실제로 어느 정도인지 파악하는 것
- 시간을 빼앗는 비생산적인 요구들을 잘라내는 것
- 그렇게 해서 얻어진 활용 가능한 시간을 가장 큰 연속적 단위로 통합하는 것

스티븐 코비는 시간관리 매트릭스를 제시했다. 그는 시간을 긴급성과 중요성 이 두 요인을 갖고 시간 관리를 사분면으로 나누었다. 대개 급한 일에 즉각적으로 반응하지만 이러한 일은 대부분 중요하지 않다고 강조했다. 우리의 사명, 가치관, 우선 순위가 높은 목표에 기여하는 일이 중요한 일이고, 이것이 우리가 원하는 결과를 만든다. 즉 그는 소중한 일을 먼저 하라고 역설했다.

다음은 필자가 강조하는 시간 관리 3박자다.

첫째, 시간 관리를 하려면 미래에 대한 꿈과 비전이 있어야 한다. 그것도 크고 담대한 목표이다 자신에게 소중한 목표가 시간관리 첫걸음이다.

둘째, 중요한 것을 하기 위한 준비시간이 필요하다. 철학자 세네카는 "행운은 준비가 기회를 만날 때 생긴다."고 했다. 준비를 위해서는 자신이 활용 가능한 시간을 먼저 떼어 놓는 용기가 필요하다. 그렇지 않으면 긴급한 일에 파묻히고 만다.

셋째, 자신만의 시간을 가져야 한다. 사람은 사회적 동물이므로 함께 어울려서 살아갈 수밖에 없다. 그러나 자아를 성찰할 수 있는 시간을 주기적으로 확보해야 한다. 자신에게 무한한 가능성이 있음을 믿고 자신감을 갖는 내적 동기의 시간이 필요하다.

그리스인들은 시간을 둘로 구분했다. 물리적으로 흘러가는 시계와 달력의 절대적 시간인 크로노스^{Chronos} 그리고 목적을 가진 사람에게 나타나는 의식적이고 주관적인 상대적 시간인 카이로스^{Kairos}다. 카이로스는 마음먹기에 달려있다. 미래의 시간이 될 수 있고 자신의 시간도 될 수 있다. 즉 시간을 관리하는 게 당신 미래를 다스리는 것이다.

생각해 볼 화두

1. 당신은 주관적이고 상대적인 '카이로스'를 어떻게 확보하고 활용하고 있는가?
2. 미래를 다스리기 위한 당신만의 시간 관리 노하우는?

04

퇴근할 때 인사 안 하는 회사

조직문화가 왜 중요할까? 조직문화는 조직 구성원이 공유하는 가치관과 신념으로 조직과 조직 구성원의 행위에 영향을 미치는 중요한 요소라고 언급한 바 있다. 조직이 일하는 방식 그 자체이기에 중요하다. 기업이 지속 성장하느냐 아니냐는 어떤 조직문화가 형성되어 있느냐에 달려있다고 해도 과언이 아니다. 넷츠토요타난고쿠와 우아한 형제들 사례를 소개한다.

"회사의 목적은 이익이 아니다." 넷츠토요타난고쿠 창업자의 말이다. 이 회사는 13년 연속 고객만족도 1위 기업으로 선정됐다. 300개가 넘는 일본 토요타자동차 딜러회사를 제치고 작은 시골마을에서 매장 3개를 운영하며 방문영업 하나 없이 13년 연속 고객만족도 1위라는 기록을 세운 비밀은 무엇일까?

창업자 요코타 히데키는 질문 2개를 던진다. "자신이 가장 소중하다고 생각하는 것을 얼마나 소중하게 여기고 계십니까?", "소중한 것을 소중하게 여기기 위해 어제는 어떤 행동을 하셨습니까?" 스티븐 코비도 "가장 중요한 것은, 가장 중요한 것을, 가장 중요하게 여기는 것이다."라고 역설한 적이 있다.

요코타 히데키는 회사 경영에 있어 "매출을 더 늘리고 싶다, 이익을 더 내고 싶다."가 정말로 중요한 것인가 생각해보라고 한다. 그는 자기 회사에서 가장 중요한 것은 "전 직원이 승리자가 된다."라고 말한다. 이를 실현하기 위해 회사 모든 정책을 결정하고 실행하고 있다. 그는 인생 승리자가 된다는 의미를 자신의 가능성을 최대한 발휘할 수 있는 사람으로 생각한다. 그러면서 오직 직원들의 10년 후 미래를 생각할 뿐이라고 겸손하게 말한다.

이 회사는 직원들의 '멘탈 헬스'를 측정하는데 8개 항목으로 되어 있다. 성장하고 있다는 느낌이 없다, 스스로 판단해서 일을 할 수 없다, 그다지 자유롭게 의견을 말할 수 없다, 자신의 노력이 평가되지 않는다, 직장 내에 인간관계, 상사와의 관계가 좋지 않다 등의 항목이다. 문제가 있는 회사의 직원들은 70% 정도가 이 항목들이 자신에게 해당된다고 했다. 하지만 넷츠토요타난고쿠 직원들 중 50%는 8개 항목에 해당사항이 "하나도 없다"고 했고 나머지 50%는 "하나"라고 답했다.

우아한 형제들은 2010년 설립됐다. '배달의 민족' 서비스를 시작해 2017년 3,200만 다운로드, 연간 주문 수 2억 2천만 건, 연간 거래액 3조를 돌파했다. 이 회사 조직문화는 창업 초기부터 "우리는 박력 넘치게 일한다. 우리는 재미있게 일한다. 엄마가 하지 말라고 하는 것은 하지 않는다."를 실현하고 있다. 엄마가 하지 말라고 해 회사에 수익은 줄었지만 고객으로부터 더 큰 신뢰를 받았다.

이 회사의 조직에 대한 가치관은 두 가지로 요약될 수 있다. "조직은 평범한 사람들이 모여 비범한 성과를 낼 수 있는 곳"이란 피터 드러커 말과 "엄격한 규율을 바탕으로 철저한 자율 문화를 추구하라"는 짐 콜린스 말을 단순한 문구가 아닌 실천으로 이루어 내고 있다. 특히 2017년 3월부터 주 35시간제를 시행하고 있다. 양(근무시간)이 아닌 질(결과물)을 중심으로 일하는 방식을 추구한다.

이 회사가 가장 중요시하는 것은 '관심(존중)'과 '시간'이라는 선물이다. 예를 들면 퇴근할 때 인사를 하지 않는다. 퇴근할 때 눈치를 주지도 받지도 않는다. 휴가에는 사유가 없다. 휴가 신청 시 사유는 묻지도 말하지도 않는다. '지만가'라는 이 회사만의 용어가 있다. 퇴근하면서 "지금 소중한 사람을 만나러 갑니다!"라고 말하는 것이다. 특히 인상 깊은 건 도서비 무한 지원과 "책임은 실행한 사람이 아닌 결정한 사람이 진다"는 것이다.

"가장 소중한 것을 소중하게 여기는 것"을 실천하고 있는 넷츠토요 타난고쿠 사례는 우리 기업에게 시사하는 바가 크다. 채용을 중요시한다. 30시간에 걸친 면접을 통해 회사에 적합한 사람을 채용한다. 지원자는 이런 과정을 통해 조직문화를 익히는 셈이다. 우아한 형제들 역시 구성원들과 함께 고민하여 만든 핵심가치 '비전, 존중, 성장, 소통'을 실천함으로써 구성원의 행복을 추구하면서 성장하고 있다.

두 회사의 사례에서 조직 구성원이 소속감과 보람을 느끼고 회사와 함께 성장하는 데 조직문화가 매우 중요하다 것을 새삼 느낀다. 당신은 가장 소중한 것을 어떻게 하고 있는가?

생각해 볼 화두

1. 가장 소중한 것을 소중하게 여기기 위해 어떤 노력을 하고 있는가?
2. 조직 구성원이 승리자가 되게 하기 위해 리더로서 무엇을 어떻게 해야 하나?

05

경쟁이 **만사**萬事는 아니다

경영자들과 이야기하면 늘 나오는 공통된 화두가 있다. 바로 조직의 성과와 구성원 간 화합이다. 두 마리 토끼를 어떻게 잡을 것인가? 하는 문제다. 이에 대한 필자 처방은 경쟁과 협력의 조화다. 제4차 산업혁명시대 "협력이 필수다."라는 이야기를 많이 한다. 협력에는 개인의 기본기, 즉 역량이 선행되어야 한다. 그것은 선발전 시 선의善意 의 경쟁의 결과로 나타난다. 그다음 본 게임에서는 한 팀이 되어 협력하고 성과를 달성하는 것이다.

아시안게임 축구 결승전 당시 국민으로서 응원했다. 우리 국민 중에 응원하지 않은 사람이 어디 있었겠는가? 연장전까지 가는 혈투 속에서 2 대 1로 짜릿한 승리를 해 금메달을 목에 걸었다. 주장 손흥민 선수는 "국민 덕분에 금메달을 땄다."라고 소감을 피력했다. 그는 김학범호^號를 평가해 달라고 하는 질문에 "우리 팀은 축구를 잘하는 인성 좋은 팀이다. 다들 착하고 축구에 대한 열망과 배고픔이 크다."라고 의미(?) 있는 말을 했다. 조직 목표 달성과 구성원 간 화합을 위해 두 가지 키워드를 제시하고 싶다.

첫째 공정한 경쟁이다.

포 브론슨 이야기다. "경쟁은 세상을 돌아가게 하는 힘이다. 그것은 민주주의 기초이며 성장 동력이다. 경쟁은 혁신을 일으키고 세계 시장을 움직여 우리의 주머니에 돈이 들어오게 해준다." 그는 "경쟁은 협력의 반대가 아니다. 경쟁은 쌍방의 동의하에 정한 규칙이 있게 마련이고 또 그 규칙에 대한 상호 협력이 요구되기 때문이다. 건강한 경쟁은 협력 없이는 이루어질 수 없다. 실제로 사람들을 경쟁하도록 해주는 호르몬은 협력하도록 해주는 호르몬과 동일한 것이다."라고 주장한다.

경쟁에서 공정함은 태도를 결정한다. 그것은 경쟁이 끝났을 때 받아들이는 기준이 된다. 마르타 폴립 교수는 이렇게 주장했다. "경기 규칙에 대한 비순응적 반응은 선수 개인 성품 문제가 아니라 경기 자체가 부당하게 이루어지기 때문이다. 경쟁이 공정하게 이루어지면 승자나 패자 모두 적절한 반응을 하게 된다. 공정한 경기에서는 승자가 패자에게 동정심을 느끼고 위로하고 공감한다. 패자는 결과를 받아들이고 승자를 축하해 준다. 결과는 쌍방의 노력에 대한 상호 존중이다."

경쟁은 스포츠 경기에서 더 좋은 기록을 만들어 낸다. 트리플렛은 사이클 선수들이 혼자 시계를 보면서 달릴 때와 다른 사이클 선수를 따라잡으려고 할 때를 분석했다. 그는 다른 선수를 따라잡으려고 할 때가 혼자 달릴 때보다 1.6킬로미터당 5초나 더 빠르다는 것을 발견했다. "혼자 연습할 때 에너지와 경쟁심으로 인해 분출되는 에너지 간에 차이가 났다."라고 했다.

다만 경쟁에서 피해야 할 것이 있다. 경쟁이 심하면 일종의 터널 비전 turnel vision 이 생긴다. 즉 앞만 보이고 옆과 뒤는 보이지 않는 좁은 시야를 의미한다. 경쟁으로 한 가지에 집중하다 보면 다른 것을 인식하지 못하는 무주의 맹시로 균형감각도 잃게 되고 사고가 나는 것이다.

'골드만 딜레마'란 것이 있다. 1984년 로버트 골드만이라는 의사 겸 생화학자가 198명의 엘리트 스포츠 선수들에게 한 가지 질문을 던졌다. "약물 검사에서 발각되지 않고 금메달을 보장해 주는 약물이 있다. 그런데 이 약을 먹을 경우 5년 후에 부작용으로 사망한다. 이 약을 먹겠는가?" 이 질문에 52%가 먹겠다고 대답했다. 그 후로 10년 동안 2년마다 설문을 반복해도 결과는 달라지지 않았다. 충격적이지만 경쟁이 가져오는 피해와 정신적인 부작용을 볼 수 있다.

둘째, 인성을 바탕으로 하는 협력이다.
한 팀이 되었을 때 목표를 달성하는 데 협력이 필수다. 요즘은 경쟁

행복한 리더가 끝까지 간다

자와의 협력도 필요한 세상이다. 여기에서 왜 인성이 중요할까? 우리나라 인성교육진흥법에 따르면 인성이란 "자신의 내면을 바르고 건전하게 가꾸고 타인, 공동체, 자연과 더불어 살아가는 데 필요한 인간다운 성품과 역량"이라고 정의하고 있다. 공동체 속에서 타인을 존중하고, 자신에게는 정직과 책임감으로 신뢰를 쌓는 것이다.

『인생반전』의 저자 이내화 성공컨설턴트는 "착한 사람이 성공한다."라고 강조한다. 그는 "세상이 아무리 변해서 힐링, 감성, 웰빙 등으로 자유와 자율, 창의를 외치지만, 여기엔 조건이 따른다. 즉 기본과 원칙을 지키고 책임과 의무를 다해야 한다."라고 말하면서 몇 가지 예시를 든다.

- 출근 시간을 지킨다.
- 점심시간이 12시이면 12시가 좀 지난 뒤에 식사하러 간다.
- 퇴근하면서 쓰지 않는 전등은 소등한다.
- 상사와 동료와의 약속을 지킨다.
- 근무시간엔 딴짓을 안 한다.

이런 항목들은 개인이 할 수 있는 아주 기본적인 룰이다. 힘든 일도 아니다. 무엇을 하든지 기본을 지키는 반듯하고 착한 사람이 되어야 한다. 그리고 독불장군으로 행동하면 협력의 기본인 유대감이 상실된다. 말로 표현하지 않는 이야기도 들을 수 있도록 경청하고 말을 독점하지 않는 원활한 소통이 이루어져야 한다. 특히 다른 사람이 말을 할 때 끼어들지 않는 문화가 유대감을 형성하는 데 무척 중요하다.

마거릿 해피넌은 경쟁과 협력의 아우름을 강조한다. 그녀는 "경쟁은 단기적인 문제에 집중하거나 지루하고 반복적인 일에 활기를 넣으려 할 때 훌륭한 방법이다. 그리고 이해관계가 크지 않을 경우에는 일에 시동을 걸고 참여를 유도하고 상상력을 자극하는 영감을 불어넣어 줄 수 있다. 하지만 이해관계가 크게 갈리고 경쟁이 지배적인 동기로 자리 잡고 나면 부정행위, 부패, 사회구조 해체 등 막대한 역효과를 낸다."라고 했다.

"경쟁은 어느 선까지는 유용하지만, 그 이상은 그렇지 못하다."라는 루즈벨트 대통령의 이야기는 시사점이 크다. 개인 역량 향상을 위한 내부 경쟁과 목표 달성을 향한 구성원 간 협력의 조화가 요구되는 시대이다. 경쟁이 만사萬事 는 결코 아니다. 당신이 리더라면 이것을 명심했으면 한다.

생각해 볼 화두

1. '골드만 딜레마' 사례에 대한 당신은 생각은 무엇인가?
2. 경쟁이 유리한 상황과 협력이 유리한 상황을 어떻게 구분하고 있는가?

06

자신과 조직생활에 던져야 할 질문

만약 신년을 맞은 첫 달이라면 직장인들에게 가장 의미 있는 일은 무엇일까? 우리나라 코칭계 초기부터 공헌해온 폴 정 박사와 대화 중 그는 이런 질문을 했다. "금년을 어떤 해로 만들고 싶습니까? 그리고 당신의 현재 모습을 가장 정직하게 피드백해 줄 사람은 누구인가요?" 질문을 받고 이에 답을 성찰하면서 소크라테스의 산파술産婆術 과 〈테스형〉이 떠올랐다.

소크라테스는 질의응답은 영혼의 산파술이라고 했다. 사전적으로 산파술은 질문을 통해 상대방이 스스로 무지無知 를 자각하게 함으로써 사물에 대한 올바른 개념에 도달하게 하는 방법이다. 그는 아폴론 신전에 새겨진 "너 자신을 알라."라는 문구를 "자신의 무지를 깨달아라."라고 해석하며 스스로 성찰했고, 제자들과 대화에서도 그들에게 답을 주는 대신 질문을 던짐으로써 스스로 자각하게 했다.

"어쩌다가 한바탕 턱 빠지게 웃는다 (중략) 아 테스형 소크라테스형 (중략) 너 자신을 알라며 툭 내뱉고 간 말을 내가 어찌 알겠소 모르겠소 테스형" 나훈아의 〈테스형〉 노래 가사의 일부이다. 노래 가사에서 "너 자신을 알라"라고 하자 "모르겠다"고 했다. 원래 소크라테스는 "나는 모른다"에서 시작하여 자신을 성찰해 가는 방법을 강조했다. 누구나 처음부터 답을 바로 구하지는 못하지만, 질문을 통해 시작을 하면 구할 수 있다. 모든 사람에게는 무한한 잠재력이 있다는 코칭 철학이 새삼 매우 의미 있게 다가온다.

매년 초 먼저 자신에게 던져야 할 질문에서 출발해 보자. 다음 질문 중에서 몇 가지라도 솔직하게 답해 본다면 자신의 정체성에 대한 성찰과 더불어 자신다움을 통해 미래를 행복하고 풍요롭게 만들어 갈 수 있다. 처음부터 완벽한 해답은 없다. 생각하는 힘을 기르면서, 실천할 내용을 스스로 정하게 되어 추진력도 강해진다.

- 내가 산다는 것은 무엇을 의미하는 것일까?
- 나는 10년 후에 어디서 무엇을 하고 있을까?
- 나는 지금 어떤 지혜를 가지고 있는가?
- 내가 어려운 상황에서 나에게 의지가 되는 사람은 누구인가?
- 내 마음의 스승은 누구인가? 그분이 지금 나에게 어떻게 하라고 말하고

행복한 리더가 끝까지 간다

있는가?

- 나의 삶을 충만하게 하기 위해 무엇을 변화시켜야 할까?

- 나의 그릇을 크게 하려면 무엇을 어떻게 해야 할까?

- 내 주위에 어떤 사람들이 있는가? 나는 그들에게 무슨 기여를 하고 있는 가?

- 내가 버려야 하는 선입견이나 고정관념은 과연 무엇일까?

- 내가 집착하고 있는 일은 무엇인가? 그것은 올바른 것인가?

- 내가 생각하는 공정(fairness)은 무엇이고 어떻게 실천하고 있는가?

- 나는 감정을 어떻게 표현하고 있는가?

이어서 경영자, 팀장 등 리더든 실무자이든 조직생활에 던져야 할 질문이다. 다음은 앞선 질문과 함께 통찰력과 추진력을 위해 중요한 질문의 예시이다. 이러한 질문에 대답하면서 조직의 성과 창출과 그 속에서 자신의 성취와 보람을 느낄 수 있을 것이다.

- 내가 이 조직에 처음 들어올 때 초심은 무엇이었나? 지금은 어떤 변화가 생겼나?

- 내가 조직 내에서 진정으로 이루고 싶은 목표는 무엇인가?

- 나는 어떤 발자국을 남기고 싶은가? 나만의 브랜드는 무엇인가?

- 우리 조직의 미션과 비전을 어떻게 달성할 것인가?

- 나는 업무를 추진하면서 숲과 나무를 동시에 보고 있는가?

- 나의 전문성은 무엇인가? 더 배워야 할 것은 무엇인가?

- 나는 지금 조직의 업무 성과에 최선을 다하고 있는가? 나는 협업에 얼마나 적극적인가?
- 조직 내에서 내가 NO!라고 말하고 싶은 일은 무엇인가? 그것을 어떻게 표현하고 있는가?
- 나는 시간 관리에 스스로 얼마나 만족하고 있는가? 나에게 시간 도둑의 일이 있다면 그것은 무엇인가?
- 내가 한 번도 시도해 보지 않은 일 중에서 도전적인 일은 무엇인가? 지금 하지 않으면 후회가 될 것 같은 일은 무엇인가?
- 내가 소통하는 방식이 상대방에게는 어떻게 느껴질까? 나는 진심으로 상대방을 존중하고 그들의 이야기를 경청하고 있는가?
- 나는 과정과 결과 중 어느 쪽을 더 소중히 하는가? 그 이유는 무엇인가?

미래를 대비하는 통찰력과 실행력을 어떻게 키울 수 있을까? 『초격차: 리더의 질문』에서 저자 권오현 회장은 이렇게 이야기하고 있다. "통찰력은 지식이 많다고 생기는 것도 아니고, 지식이 부족한 상태에서 경험만 쌓는다고 생기는 것도 아닙니다. 지식과 경험 모두 필요합니다." 그는 통찰력을 키우기 위해 세상의 트렌드를 파악해야 한다고 하면서 이를 위해 다양한 분야의 독서와 전문가를 만나 이야기 들을 것을 권했다.

전문가를 만날 때는 미리 질문을 준비하고 만나야 한다. 그는 자신이 무엇을 원하는지도 모르는데 알아서 모든 것을 이야기해 주는 사람은 없다고 하면서 펌프에 마중물을 넣는 사람은 리더 자신이어야 한다고 강조했다. 중요한 것은 자신에게 어떤 질문을 하고 나아가 조직 내 이해관계자 및 대내외적 전문가에게 어떤 질문을 하느냐에 따라 자신의 미래가 달라진다.

이제 당신 자신에게 필요한 마법의 질문을 하고 이에 스스로 대답하고 실천해야 할 때다. 봄에 좋은 씨를 뿌리고 정성을 들여 가꾸면 가을에 풍성한 수확이 있으리라.

생각해 볼 화두

1. 당신만의 '생각하는 힘'을 기르는 노하우는 무엇인가?
2. 나는 통찰력을 키우기 위해 우리 회사와 관련된 트렌드를 어떻게 파악하고 활용하고 있는가?

부뚜막의 소금도
집어넣어야 짜다!

외국계 기업 모 임원이 코칭 대화 중 이런 이야기를 했다. "제 상사인 외국인 사장, 그룹 본사의 경영진과 제가 상대하는 임직원, 국내 판매 대리점 사장님들 사이에서 소통하는 데 고충이 많습니다. 특히 회사 조직문화와 국가문화에 큰 차이가 있습니다. 제가 중간에서 힘이 듭니다." 그가 이야기한 사례 중 일부는 이런 것이다.

• 국내 대리점 사장님들이 과거 영업이익이 좋을 때는 가만히 있다가 요즘 상황이 어려워지니 공정거래와 관련하여 제소하거나 사법기관에 고소하겠다는 것입니다. 이에 대해 그룹 본사에서는 비즈니스 관계를 끊으려고 이러는 것이냐? 하면서 이해할 수 없다고 합니다. 한편 대리점 사장님들은 일단 고소, 고발부터 해놓고 비즈니스는 계속 이어가겠다고 합니다.

• 제 산하에 부본부장을 영입하였는데 6개월이 지나서 스스로 나 갔습니다. 그는 소비재 사업 분야 마케팅 경험은 많은데 내구재 사업 분야 마케팅과는 거리감이 있었습니다. 그는 어렸을 때 캐나다에 가서 유학하였고, 직장 경험도 대부분 그곳에서 하였습니다. 채용한 지 6개 월 만에 퇴직을 하니 회사 차원에 손해가 많습니다.

• 소속 직원이나 국내 고객 등과 소통할 때는 큰 줄거리만 이야기 해도 서로 이해하는데, 서양 상사와 이야기할 때는 구체적으로 이야기 를 해야 했습니다. 직원들 보고를 듣고 제가 상사에게 보고해야 할 때 는 상사의 입장에서 다시 생각해야 하는 시간이 요구되었습니다.

그렇다면 그는 어떻게 소통해야 할까? 에드워드 홀의 "커뮤니케이 션은 문화이고, 문화가 커뮤니케이션이다."라는 말에 공감한다. 필자는 글로벌 기업의 구성원으로서 효과적으로 소통하려면 조직문화 관련 적어도 다음과 같은 사항을 필수적으로 이해해야 한다고 생각한다.

첫째, 공감 능력으로 자사의 조직문화를 이해하라.
마이크로소프트의 영혼을 되찾은 사티아 나델라의 이야기가 도움 이 될 것이다. 그는 『Hit Refresh』에서 공감이라는 가치를 강조했다. CEO가 되고 나서 "내 첫 번째 사명은 10만 명의 마이크로소프트 직원 이 영감을 얻고 더욱 훌륭한 미래를 설계하도록 회사문화를 준비하는 일임을 깨달았다."라고 했다. 그는 "마이크로소프트의 존재 이유는 무엇인가? CEO라는 새로운 역할 속에서 내가 존재하는 이유는 무엇인가?"를 생각하고 이것은 모든 조직에서 모든 이가 스스로 답을 찾아야 하는 질문이라고 했다. 사람이든 조직이든 사회든 스스로 새로고침을 해야 하는 순간이 찾아온다고 했다.

그는 관료화된 조직문화의 틀을 깨고 관성에 물든 조직원들을 변화시키기 위해서 특히 공감 능력이 중요하다고 했다. "어느 한 리더도, 어느 한 조직도, 어느 한 CEO도 마이크로소프트를 부활시킬 수는 없었다. 회사를 재탄생시키려면 우리 모두와 우리의 모든 능력들이 필요하다. 회사문화를 쇄신하는 작업은 열매를 맺기까지 더디고 고통스러울 것이다." 그가 강조한 것처럼 공감이라는 키워드로 구성원 각자 자신이 속한 조직의 문화를 인식하는 것이 필요하다.

둘째, 국가 간 문화 차이를 이해해라.

홉스테드는 국가 간 문화 차이를 연구했다. 그는 전 세계 70개 국가에 퍼져 있는 IBM 지사의 현지 직원 116,000명을 대상으로 설문조사를 하여 국가별 문화를 분석하였다. 그는 개인주의 대 집단주의, 권력 격차, 불확실성 회피 성향, 남성적 성향 대 여성적 성향 등 네 차원으로 나누어 비교했다. 예를 들면 한국 멕시코 등은 집단주의가 강하고 권력 격차가 큰 반면, 미국 영국 등은 개인주의가 강하고 권력 격차가 약하다. 반면 프랑스, 스페인은 개인주의 성향이 다소 강하고, 권력 격차도 다소 큰 편이다. 이러한 국가 문화를 이해하는 것이 다국적 기업

에서는 소통에 필수적이다

네 가지 차원이 다 중요하지만 그중 권력 격차가 조직경영에 주는 의미를 살펴보자. 권력 격차는 사회에 존재하는 힘(권력)의 불균형에 대해서 구성원이 받아들이는 정도를 의미한다. 즉 권력을 갖지 못한 사람들이 권력을 갖고 있는 사람들의 지위를 인정하는 정도로써 권력 격차가 크면 권한의 상부 집중화나 독단적 리더십의 사용 가능성이 높게 나타난다. 다만 이 내용이 1983년도에 발표된 것이라서 시간이 지난 지금에도 유효한가에 대한 논란은 있을 수 있지만 각 나라의 문화 흐름을 파악하는 데는 도움이 될 것이다.

셋째, 문화적 배경과 커뮤니케이션의 관계를 이해하라.

우리는 배경문화를 이해할 필요가 있다. 우리나라, 중국 등은 고배경 국가이다. 여기서는 사람들이 소통하거나 세상을 이해할 때 주변 상황이나 비언어적 단서를 중시하는 성향이 있다. 상사가 지시할 때도 "알아서 하라." "거시기 있잖아?" 등 좀 애매하다. 반면 미국, 영국 등은 저배경 국가이다. 여기서는 소통을 할 때 명확하고 문서, 메시지 자체를 중요시한다. 상사가 지시할 때도 구체적이고 자세히 지시한다. 따라서 보고 등 소통할 때 6하 원칙(5W1H)에 따라 해야 효과적이다. 이는 고배경 국가에서도 올바른 소통을 위해서는 마찬가지라고 생각한다.

넷째, 자신이 속해 있는 업종業種에 대해 명확히 이해하라.

소통을 잘하려면 업종에 대한 이해가 중요하다. 요즘은 이異 업종에 대한 벤치마킹도 아이디어 차원에서 많이 한다. 그러나 실행에 있어서는 파일럿 시행 등을 통해 자사의 조직문화에 적합한지 검증해보고 확대 시행하는 것이 바람직하다. 우리 회사가 속해 있는 산업에서 업業의 본질은 무엇인가를 먼저 명확히 이해해야 한다. 우리는 이 업으로 사회에 무엇을 공헌할 것인가? 어떻게 지속 성장 가능한 회사를 만들어 갈 것인가? 생각해야 한다. 이어서 4차 산업혁명시대 융합에 의한 산업의 재편에서 돌파구를 찾는 것도 한 방법이다.

조직문화는 하루아침에 바뀌지 않는다. 조직문화는 구성원 모두가 만드는 것이다. "부뚜막의 소금도 집어넣어야 짜다."라는 우리 속담처럼 실행으로 이루어진다. 글로벌 시대 자사와 상대방의 조직문화를 공감 능력으로 이해하고 소통해야 한다. 이러한 소통은 비즈니스 거래와 협상에서도 역시 중요하다. 소통! 리더가 꼭 풀어야 할 과제다.

생각해 볼 화두

1. 당신에게 '새로 고침' 해야 할 순간이 찾아온다면 무엇부터 하고 싶은가?
2. 국가 간 문화의 차이가 존재할 때 어떻게 소통해야 효과적일까?

행복한 리더가 끝까지 간다

08

조직 내 학습문화
어떻게 정착할 것인가?

조직에서 학습문화가 왜 중요할까? 4차 산업혁명시대 조직에 필요한 역량은 무엇일까? 당신이 리더라면 이 시점에 조직에서 어떤 역량이 요구된다고 생각하나? 세계경제포럼에서는 2016년 당시 미래에 요구되는 역량으로 인지유연성, 창의력, 논리 전개력 등 열 가지를 제시했다. 전문가들의 의견을 종합해보면 미래에는 복잡한 문제 해결 능력, 평생학습능력, 협업능력, 디지털 역량, 조직 내외의 역량을 극대화하여 활용하는 능력 등이 필요해 보인다.

방향을 잘 알 수 없는 미래에 무엇보다 중요한 것은 개인과 조직의 끊임없는 학습능력이 아닐까 생각한다. 학습문화는 무엇을 학습할 것인가를 생각하고 이를 조직 차원에서 추진할 때 효과적이다. 센게 Senge 는 학습조직이란 구성원들이 진정으로 원하는 요구를 끊임없이 창출시켜주는 조직, 구성원들의 창의적 사고 양식을 새롭게 전향시켜주고 확장시켜주는 조직, 집단적인 열망으로 가득한 조직, 구성원들이 함께 학습하는 방법을 지속적으로 학습하는 조직이라 했다. 조직 차원에서 학습이 반복되는 수준에 이르게 되었을 때 학습조직이 이루어졌다고 볼 수 있다.

필자에게 감명을 준 사례가 있다. 모 대학 사무처장은 직원들의 성장과 행복을 위해 그 대학의 훌륭한 강의를 직원들에게 청강하도록 했다. 여기에는 교과목을 개설한 담당교수가 직원들도 들어도 좋다는 전제가 있었다. 그도 솔선수범해서 고고학 과목을 들었고, 직원들도 교양이나 업무적으로 본인이 듣고 싶은 과목을 스스로 선택했다. 역사, 철학, 영어영문학, 건축학 등 매우 다양했다. 물론 희망자에 한해서이지만 해가 거듭될수록 신청자가 늘어난다는 것이다.

이와 같이 우리 주위를 살펴보면 학습조직화를 위한 툴은 생각보다 많다. 가장 접근하기 좋은 것 중의 하나는 리더가 중심이 되어 구성원과 함께하는 독서 토론회다. 책 속에 길이 있다는 말이 있지 않은가? 필자는 임원 재직 시 매월 1~2권의 도서를 선정해 토론회를 운영했다. 당시 독서토론회 참가자들이 직접 도서를 매월 선정하고 주제발표와 진행을 함으로써 자율성을 갖고 집단지성으로 운영하였다. 이 과정에서 구성원들은 어떤 책이 회사와 직원들에게 필요한지 알고 있었다. 필자는 이들을 격려하고 토론회를 서포팅해주는 역할을 했다.

지금 생각하면 아쉬움이 하나 있다. 당시 각자 발표할 때 그들에게 자율성을 주었는데, 만약 가이드라인이 있었다면 더 효과적이었을 것이라고 생각한다. HR포럼 김기진 대표가 활용하는 FTP기법이란 게 있다. 이는 책에서 읽은 내용^{Fac}, 자신의 생각^{Think} 그리고 계획^{Plan}을 적절하게 발표하게 하는 것이다. 처음에는 책 내용의 비중이 많지만, 계속될수록 생각과 계획의 발표 비중이 자연스럽게 많아지게 될 것이다. 이렇게 함으로써 책의 내용이 자신의 생각에 어떤 영향을 미쳤으며 이것이 자신과 업무에 어떻게 활용되는지 정리하게 된다. 그리고 다른 사람들의 발표 내용과 자신을 비교하면서 사고의 폭을 넓히는 집단지성을 더욱 발휘하게 하는 환경이 될 것이다.

학습조직의 활동을 지원하고 학습을 보다 효과적으로 관리하기 위해서는 센게가 제시한 내용들이 시사점이 있다. 조직은 부닥친 문제를 즉흥적으로 해결하지 않고 계획을 세워 체계적으로 접근해야 한다. 그리고 문제를 해결하고 나서는 그 해결 과정과 결과를 잘 정리하였다가 다음에 더 좋은 해결책을 찾는 데 기초자료로 활용해야 한다. 이것이 체계적인 문제 해결 과정이다.

또한 새로운 아이디어가 있으면 실제로 한번 시도를 하고 테스트해 봐야 신지식이 된다. 외부로부터 새로운 기술을 배웠을 때에도 그것을 일상적인 작업에 적용해 보아야 실제로 학습한 것이다. 에디슨이 전구를 발명할 때 147번이나 실행에 옮겨 성공한 것이 실험을 통한 시범적 운영인데, 이러한 시도는 지금 시대에 더욱 요구된다고 할 수 있다.

기업은 학습조직을 구축하기 위해 성공과 실패의 내용을 버리지 말고 이를 재검토하고 평가하여 구성원들이 공개적으로 이용할 수 있도록 여건을 만들어 주어야 한다. 한편 모든 학습이 반성과 자기 분석으로부터만 이루어지는 것은 아니다. 경우에 따라서는 외부 환경에 눈을 돌릴 때 생기기도 한다. 성공한 조직의 우수 사례와 아이디어를 우리 조직에도 활용 가능한지 검토하는 것이 벤치마킹이다. 이렇게 과거와 다른 조직으로부터의 학습도 필요하다.

모든 조직은 변하지 않으려는 관성도 내포하고 있다. 과거의 성공 경험과 관습은 새로운 것을 습득할 때 커다란 장애요인이다. 우리는 과거의 성공 방법을 안전하게 따라가고 싶은 욕망이 있다. 그러나 4차 산업혁명시대라는 과거와 판이하게 다른 환경에서 과거의 성공 경험을 따라 하는 것은 실패 위험이 있다. 그리하여 과거의 노하우를 깨뜨리는 폐기학습 Unlearning 이 선행되어야 할 때도 많다. 성공한 조직일수록 그리고 오래된 조직일수록 과거에 얽매어 있다가 신생기업에 뒤처지는 현실을 많이 볼 수 있다.

리더의 입장에서 학습과 관련해 고근속자나 고연령자가 과연 잘 따라올 수 있을까 의구심이 들 수도 있다. 영국의 BBC 방송은 독해 및 산술 능력은 젊은 세대보다 오히려 40~60대에서 더 높다는 사실을 보도했는데 이는 매우 시사점이 있다. 특히 사회적 추론 능력은 중년 이후에 정점을 이룬다는 것이다. 이제 무한경쟁의 시대 미래 먹거리와 회사의 핵심부품 조달 그리고 신제품 기술개발과 비전 공유 등을 위해서 학습하는 조직문화가 필수적임을 인식하고 자사 환경에 적합한 학습 방법을 강구하고 실천했으면 한다.

생각해 볼 화두

1. 우리 조직의 학습문화는 과거에서 현재까지 어떠하고, 미래는 어떻게 되어야 한다고 생각하는가?
2. 리더로서 조직 구성원과 독서 토론회를 한다고 가정하고 이때 당신이 선택한 도서 3권은 무엇인가?

09

혁신과 지속 가능성을 위한 처방

기업과 조직의 지속 가능한 영속성은 어디에서 오는 것일까? 피터 드러커는 연속과 단절 사이 균형을 이루는 것이 중요하다고 강조했다. 즉 새로움과 혁신의 필요성을 인식해야 하지만, 동시에 가치 있는 제도의 유지도 중요하다는 것이다. 당신은 조직의 영속성을 어디에서 찾아야 한다고 생각하는가? 경험과 철학에 따라 다르게 이야기할 수 있을 것이다.

첫째, 고객이다.

무엇보다 고객 가치 창출에 기여해야 한다. 잘 알려진 '6시그마' 기본 사상인 불량률 감소도 결국 고객을 위한 것이다. 만약 당신이 고객으로서 제품을 구매했는데 불량품이었다면 제품을 만든 회사를 신뢰할 수 있겠는가? 또한 제품과 서비스를 사용하는 사외 고객뿐만 아니라 업무 후속 공정을 담당하는 사내 고객도 만족시켜야 한다.

둘째, 사고방식이다.

생산성을 높이는 사고방식 즉 $y=f(x)$를 강조한다. 우리는 결과 변수인 y에만 신경을 쓴다. 그러나 중요한 것은 결과에 영향을 주는 x 변수다. 80 대 20의 파레토 법칙에서 알 수 있듯이 결과에 가장 큰 영향을 주는 변수로 결정적인 변수가 무엇인지 파악해야 한다. 그리고 이를 개선하는 것이 중요하다. 이것이 한정된 자원으로 생산성을 높이는 비결이다. 그런데도 후행지표인 결과 변수에만 집착하는 우를 범하곤 하는데 선행지표가 바뀌지 않으면 바람직한 결과는 나오지 않는다. 즉 콩을 심어 놓고 팥 나오길 기다리는 격이다.

셋째, 공유다.

소위 일하는 방식 'DMAIC' 프로세스 실천이다. 특히 기업이 글로벌화가 되면 일하는 방식에 있어 소통하고 협력하기 위한 기준이 있어야 한다. 이 프로세스는 문제를 정의 Define 하고 측정 Measure 하며 분석 Analyze 을 통하여 개선 Improve 을 추구한다. 한편 의도된 성과를 지속하기 위해 개선된 프로세스를 관리 Control 한다. 조직 내 모든 구성원이 이러한 방법론을 체득하고 적용한다면 상호 소통이 원활하고 목표를 달성하는 데 효과적인 시너지를 낼 수 있다.

넷째, 믿음이다.

조직 내 구성원의 상호 존중과 진정성에 대한 믿음이 있어야 한다. 혁신과 생산성은 복잡한 상호 활동이 벌어지는 인간 공동체 안에서 발생한다. 공동체 의식은 조직의 비전과 미션을 함께 추구해 나갈 때 만들어진다. 즉 직원의 내면으로부터 열정과 애정을 끌어내어 이것을 자아실현으로 연결시켜 행복을 추구하도록 해야 한다.

지금까지 소개한 고객, 사고방식, 공유의 3가지 개념은 필자가 포스코 재직 시 6시그마 챔피언으로 미국 애리조나 주립대에 6시그마 연수를 다녀오면서 당시 최고경영자에게 교육 소감으로 제출한 내용을 재구성한 것이다. 이는 혁신과 지속 가능성을 위한 처방이라 할 수 있다.

필자는 최근 경영자 코칭을 하면서 네 번째 믿음, 즉 최고경영자에서부터 신입사원에 이르기까지 조직 구성원 간 존중과 믿음이 조직의 영속성에 필수 요소임을 느꼈다. 무엇보다 중요한 것은 구성원의 자아실현 욕구 달성을 이루는 과정에서 조직도 함께 성장한다는 믿음이다. 이것이 혁신과 지속 성장을 만들어 내는 출발점이자 원동력이라고 본다.

생각해 볼 화두

1. 조직의 지속 가능성을 위해 무엇이 중요하다고 생각하는가? 3가지만 제시한다면?
2. 조직 구성원 간 상호 존중과 믿음은 어떻게 알 수 있는가?

행복한 리더가 끝까지 간다

10

사람을 놓치지 마라

조직 책임자로서 진정으로 이루고 싶은 것은 무엇인가? 임원 및 임원 후보 팀장들에게 질문했다. 어떤 대답들이 돌아왔을까? 조직생활이 그들에게 주는 의미는 무엇일까? 코로나 팬데믹 비대면 사회, 경제 상황의 어려움, 서로 다른 시대적 배경을 가진 다양한 세대가 조직에 공존하는 등 요즘처럼 상황이 어렵고 복잡할수록 기본으로 돌아가 자신을 돌아보는 시간이 필요하다고 생각한다. 다음은 조직 책임자들과 나눈 대화에서 나온 이야기다.

- 팀원들과 업무를 통해 같이 성장하고 좋은 인연을 만들어 가는 것
- 조직 구성원과 업무 진행에 있어서 자유롭게 이야기할 수 있고, 공동의 목표의식을 가지고 행동할 수 있도록 근무 분위기를 만드는 것
- 팀장 이후 다음 직책으로 승진하여 더 큰 역할을 해 보고 싶음

- 직원들에게 존경받는 롤 모델이 되고 싶음
- 자신이 올바른 변화를 생활화하여 항상 깨어 있고 에너지 넘치는 삶을 영위
- 회사가 추구하는 모습과 직원이 원하는 모습의 차이를 좁혀주는 리더가 되고 싶음
- 정년까지 회사에서 안정적으로 생활하는 것
- 나와 가족의 행복한 삶

당신은 리더로서 이 항목 중 어떤 것이 자신이 이루고자 하는 모습과 가장 가까운가? 조직의 리더로서 목표 달성의 책임감을 갖고 있는 것은 기본이지만 자신의 삶, 조직 구성원과 관계를 중시하는 생각들이 현재 우리 조직 책임자의 모습이라는 생각이다.

축구 명언 중 볼에만 집중하다가 움직이는 사람을 놓치면 안 된다는 말이 있다. 결국 골을 넣는 것은 우리 편이든 상대편이든 선수다. 볼을 가지고 있는 자신과 더불어 그라운드에서 뛰는 선수들의 주특기와 움직임을 폭넓은 시야로 보아야 한다. 이는 직장에서도 마찬가지이다.

리더에게 중요한 것은 먼저 자신의 역량을 키워야 한다. 즉 자신의 그릇을 키우는 것이 첫 번째이다. 이를 위해 업무에서 유능함을 인정받을 수 있는 전문성을 확보하고, 겸손함을 바탕으로 이해관계자에 대한 관대함을 실천해야 한다.

이해관계자를 볼 때 혹시 그들을 업무 추진상 도구 또는 대상 Objects 으로만 보고 있지는 않았는가? 반성해 볼 대목이다. 이제부터라도 그들도 나와 동일하게 필요와 목표와 어려움을 가진 사람 People 으로 바라봐야 한다. 그들과 함께 진정한 한 팀이 되어 공동의 목표를 이루어 나가는 아웃워드 마인드셋 Outward Mindset 을 가져야 할 것이다.

그리고 자신과 조직 구성원의 강점을 살려야 한다. 누구에게나 자신만의 독특한 재능이 있다는 사실을 인정하고 이것을 갈고닦아 강점으로 발휘할 수 있도록 리더로서 도와줘야 한다. 아울러 그들과 업무적으로 개인적으로 방향성을 논의하고 그들이 스스로 업무적 성과를 이루어 내도록 기다려 주고 지원해 주어야 한다. 그들의 강점을 살려 적재적소에 배치하는 일도 리더의 역할이다. 피터 드러커는 이렇게 말했다. "자신의 약점을 보완해 봐야 평균밖에 되지 않는다. 차라리 그 시간에 자신의 강점을 발견해 이를 특화시켜 나가는 것이 21세기를 살아가는 지혜이다."

그다음은 이해관계자들을 적으로 만들지 말아야 한다. 이는 자신의 감정을 조절하고 상대방의 감정도 헤아리는 것에서 출발한다. 나쁜 리더는 항상 실수한 직원을 결과만으로 질책한다. 좋은 리더는 그들이 실수할 것을 예측하고 미리 코칭을 한다. 그들에게 얼마나 관심을 갖느냐에 달려있다. 관심이 있으면 직원들의 강점과 개선할 점이 보이기 때문이다. 그리고 그들을 진정으로 알아주고 신뢰해야 한다.

사마천의 『사기』 「자객열전」에 나오는 이야기다. 춘추 전국시대 말기 지백의 참모인 예양은 자신을 국사國士로 대우해 준 지백을 기리며 이렇게 말했다. "오호라! 뜻을 세운 사람은 자기를 알아주는 사람을 위해 죽고, 여자는 자기를 기쁘게 해주는 사내를 위하여 화장을 한다고 했다. 지백은 나를 알아주었으니, 그를 위해 죽음으로 복수하여 보답하는 것이 내 혼백에 부끄럽지 않으리!" 이 말을 지금의 상황에서 해석하면 어떻게 될까? 세상이 많이 변했고 각자의 생각에 따라 다르게 해석하리라 생각한다. 다만 자기를 알아주는 사람에게 보답하려는 심리는 지금도 존재하지 않을까?

감정 관리와 관련해 『이솝우화』에 나오는 농부와 여우의 이야기다. 여우가 근처 농부의 집에 들어가 몰래 닭을 물어 갔고 이튿날 오리도 물어 갔다. 농부는 오죽 배가 고팠으면 그러랴 생각하고 참았다. 얼마 후 여우가 또 닭을 물어 가자 농부는 화가 나서 덫을 놓고 마침내 여우를 잡았다. 농부는 여우를 그냥 죽이는 것으로 분이 풀리지 않아 여우 꼬리에 짚을 묶은 후 불을 붙였고 여우가 괴로워하는 모습을 보면서 기분이 좋아졌다. 그러나 여우가 뛰어간 농부의 밀밭은 과연 어떻게 되었을까? 여기서 인지위덕忍之爲德 즉 "참는 것으로 인하여 덕을 이룬다."라는 말이 나왔다. 아무리 화가 나고 곤란한 경우라도 항상 나중에 그것을 이겨냈을 때를 생각하면서 말하고 행동해야 한다. 그렇게 하면 결국 좋은 결과가 유지 된다.

『Start with why』의 저자인 리더십 전문가 사이몬 시넥Simon Sinek 이야기를 깊이 새겨보았으면 한다. "리더십은 업무 책임자가 되는 것이 아니다. 사람의 책임자가 되는 것이다. Leadership is not about being in charge. It is about taking care of those who is in our charge "

조직의 성과 달성이 리더의 책무라는 데 누구나 동의할 것이다. 그러나 그 과정에서 조직 구성원과 함께해야 목표를 이룰 수 있다. 그들은 자신의 성장과 행복 그리고 가족을 위해 일한다는 사실을 직시하고 리더로서 그들을 놓치지 않았으면 좋겠다. 사람이 자산이다.

생각해 볼 화두

1. 리더로서 나는 부하 직원뿐만 아니라 이해관계자들을 업무 추진상 대상이나 도구가 아니라 나와 동일한 필요와 어려움을 가진 사람으로 보고 있는가?
2. 리더십은 업무 책임자가 되는 것이 아니라 사람의 책임자가 된다는 것의 의미를 어떻게 받아들이고 싶은가?

생존을 넘어
성장과 행복의 마중물을 만난다

필자가 코칭을 배우고 많은 고객들과 코칭 대화를 하면서 가장 크게 깨달은 것은 모든 사람들에게는 무한한 가능성이 있다는 코칭 철학이다. 국제 코칭연맹에서도 다음과 같은 선언을 하고 있다. "Every client is creative, resourceful and whole." 필자는 이를 코칭과 대학 수업에서 경험하고 있다.

우리가 조직생활을 하는 이유가 무엇일까? 조직에서 성장하고 행복과 보람을 추구하고 싶을 것이다. 우리는 이미 성장하고 행복을 느낄 수 있는 잠재력이 있는 사람들이다. 다만 자신이 이미 가지고 있는 무궁무진한 가능성을 발휘하는 데 코칭처럼 마중물 한 바가지를 넣어 주기 위해 이 책을 편찬하게 되었다.

필자는 조직의 임원 시절 우연인지 필연인지 『주역周易』을 공부할 수 있는 행운이 있었다. 그때 건곤병건乾坤竝建을 배우면서 강한 건과 부드러운 곤은 늘 함께 있고, 우리의 삶과 조직생활도 좋은 일과 어려운 일이 함께 있음을 다시금 느낄 수 있었다.

그 시절 필자가 배운 성공하는 사람들에게 필요한 비법 2개를 공유하면 이섭대천利涉大川 과 이견대인利見大人 이다. 큰 강을 건너야 이롭다는 뜻은 용기와 결단으로 고난을 이겨내야 성공할 수 있다는 뜻이다. 또한 동시에 이 과정에서 지혜와 덕이 뛰어나 본받을 만한 사람을 만나야 이롭다. 다음의 질문을 성찰해 보고 자신이 이루고자 하는 것을 실천하길 권한다.

나는 누구인가?

내가 조직생활에서 진정으로 이루고 싶은 것은 무엇인가?

내가 조직생활을 시작하며 가진 초심은 무엇이고 현재도 유지하고 있는가?

나는 언젠가 이 조직을 떠날 때 어떤 사람으로 기억되고 싶은가?

100세 시대 평생 직업을 위한 평생 공부를 어떻게 하고 있나?

생존을 넘어 자신의 성장을 이루고 더불어 조직의 목표달성과 함께하는 구성원들의 마음을 얻어 행복한 조직생활을 하는 데 이 책이 한 바가지의 마중물이 되었으면 한다.

필자에게도 멘토가 있다. 그가 해준 이야기이다. 우리가 바꿀 수 있는 것인지, 바꿀 수 없는 것인지 구별하는 것이 '지혜'다. 바꿀 수 없는 것을 바꾸려고 하는 것은 '어리석음'이고, 바꿀 수 있는 것을 바꾸려 하지 않는 것은 '나태함'이다. 한편 바꿀 수 없는 것을 받아들이는 것은 '평온함'이고, 바꿀 수 있는 것을 바꾸려고 하는 것은 '용기'이다. 꽤 오래전에 들었지만 언제나 곱씹어도 가슴에 와닿는 말이다. 이러한 지혜의 실천을 통해 리더 자신을 성장시키고, 함께하는 구성원들의 공감도 이끌어낼 수 있을 것이다.

필자가 늘 강조하는 것은 리더로서 자신에 대해 성찰하고 조직 구성원의 마음을 얻어야 한다는 것이다. 그러려면 먼저 각 칼럼마다 있는 〈생각해 볼 화두〉에 대해 자신과 셀프 코칭 대화를 통해 성찰한 내용을 적어보아야 한다. 이후 이와 유사한 상황에 맞닥뜨렸을 때 다시 찾아보고 자신이 성찰한 내용을 실행한다면 행복한 삶을 이루리라 생각한다.

우리 속담에 부뚜막에 소금도 넣어야 짜다는 말과 구슬이 서 말이라도 꿰어야 보배라는 말이 있다. 이 책의 내용도 마찬가지다. 머리로만 아는 데 그치지 않고, 지금부터라도 하나씩 자신과 조직 구성원을 위해 실천하길 권한다. 작은 실행이 모여 큰 변화를 가져오는 것이므로 이제 독자 여러분의 올바른 선택과 실천이 필요한 시점이다.

참고문헌

가재산 외(2016), 왜 행복경영인가, 행복에너지

가재산(2014), 어떻게 최고의 인재들로 회사를 채울 것인가?, 쌤앤파커스

강민구(2018), 인생의 밀도, 청림출판

고코로야 진노스케(2016), 김한나 역, 적당히 사는법, 유노북스

고현숙(2017), 결정적 순간의 리더십, 쌤앤파커스

구본형(2007), 사람에게서 구하라, 을유문화사

군터 뒤크비즈(2016), 김희상 역, 왜 우리는 집단에서 바보가 되었는가, 페이퍼

권오현(2018), 초격차, 쌤앤파커스

권오현(2020), 초격차 리더의 질문, 쌤앤파커스

김난도 외(2020), 트렌드 코리아, 미래의 창

김상균 저(2020), 메타버스, 플랜비디자인

김승호(2015), 주역인문학, 다산북스

김영수(2007), 사기(史記)의 인간 경영법, 김영사

김영헌(1998), 팀조직이 구성원의 직무만족과 팀성과에 미치는 영향에 관한 연구, 석사논문

김영헌(2013), 청암 박태준의 리더십 연구:포항공과대학의 사례, 한국경영사학회

김영헌(2014), 조직문화와 조직유효성과의 관계 연구, 박사논문

김위찬 외(2018), 안세민 역, 블루오션 시프트, 비즈니스북스

김정규(2017), 게슈탈트 심리치료, 학지사

김정운(2018), 에디톨로지, 21세기북스

김형철(2018), 최고의 선택, 리더스북

낸 드마스(2012), 정견한 역, 당신은 정직한가, MID

네이트 실버(2021), 이경식 역, 신호와 소음, 도서출판 길벗

노부호(2017), 제3의경영, 21세기비즈니스

닐 도쉬 외(2016), 유준희 외 역, 무엇이 성과를 이끄는가, 생각지도

다니엘 핑크(2016), 김주환 역, 드라이드, 한국경제신문사

대니얼 코일(2018), 박지훈 역, 최고의 팀은 무엇이 다른가, 웅진씽크빅

대한상공회의소(2019), 기업문화 Insight Report:기업문화 혁신에 필요한 6가지 키워드, (2019.9.9.)

대한상공회의소(2020), 직장 내 세대갈등과 기업문화 종합진단 보고서(2020.4.8.)

대한상공회의소, 맥킨지(2018), 한국기업문화의 근본적 혁신을 위한 제언(2018.5.15.)

더그 스트리챠크직(2019), 이민경 외 역, 멘탈력, 한국코칭수퍼비전아카데미

데니스 케리 외(2020), 최기원 역, 롱·텀 씽킹, kmac

데이브 얼리치 외(2015), 김영기 역, 리더십 코드, 나남

데이비드 니븐(2016), 전미영 역, 나는 왜 똑같은 생각만 할까, 부키

데이비드 버커스(2016), 장진원 역, 경영의 이동, 한국경제신문사

데일 카네기(2014), 최염순 역, 카네기 인간관계론, 씨앗을 뿌리는 사람

동아일보(2021), MZ세대 "인사평가 납득 못해"…공정성 요구 커져 기업마다 홍역 (2021.2.22.)

라젠드라 시소디어 외(2010), 위대한 기업을 넘어 사랑받는 기업으로, 럭스 미디어

라즐로 복(2015), 이경식 역, 구글의 아침은 자유가 시작된다, 알에이치코리아

랜디 포시(2008), 심은우 역, 마지막 강의, 살림출판사

러셀 로버츠(2016), 이현주 역, 내 안에서 나를 만드는 것들, 세계사

레이 커즈와일(2018), 김명남 역, 특이점이 온다, 김영사

레이 황(2006), 권중달 역, 허드슨 강변에서 중국사를 이야기하다, 푸른역사

로버트 하그로브(2013), 최치영 외 역, First 100일 리더십 전략, CMOE

로버트 하그로브(2015), 김신배 외 역, 마스터풀 코칭, 쌤앤파커스

리샹(2009), 정광훈 역, 중국제국쇠망사, 웅진씽크빅

리차드 탈러(2017), 박세연 역, 똑똑한 사람들의 멍청한 선택, 리더스북

마거릿 해피넌(2014), 김성훈 역, 경쟁의 배신, RH코리아

마거릿 해피넌(2017), 박수성 역, 사소한 결정이 회사를 바꾼다, 문학동네

마로우 기엔(2021), 우진하 역, 2030 축의 전환, 리더스 북

마셜 골드스미스 외(2020), 정태희 외 역, 내-일을 쓰는 여자, 에이트 포인트

마셜 골드스미스(2016), 김준수 역, 트리거, 다산북스

마쓰시다 고노스케(2009), 남상진 외 역, 마쓰시다 고노스케, 길을 열다, 청림출판

마틴 리브스 외(2016), 문직섭 역, 전략에 전략을 더하라, 한국경제신문 한경BP

마틴 셀리그만(2016), 김인자 외 역, 마틴 셀리그만의 긍정심리학, 도서출판 물푸레

맷 킹돈(2015), 정경옥 역, 세렌디피티, 한국학술정보

메들린 블랜차드 외(2017), 노중석 외 역, 조직 코칭, 한국경제신문 한경BP

메슈 올슨 외(2008), 김민주 외 역, 스톨포인트, 에코리브르

모리 타헤리포어(2021), 이수경 역, 사람은 무엇으로 움직이는가, 인플루엔셜

미셸 부커(2016), 이주만 역, 회색 코뿔소가 온다, 비즈니스북스

바버라 에런라이크(2016), 전미영 역, 긍정의 배신, 부키

바버라 켈러먼(2011), 이동욱 외 역, 팔로우십, 더난출판

박용후(2016), 관점을 디자인하라, 프롬북스

박재호 외(2020), 디자인씽킹, 가디언북

박재희(2018), 고전의 대문(1,2), 김영사

박창규 외(2019), 코칭 핵심 역량, 학지사

박현모(2008), 세종처럼 소통과 헌신의 리더십, 미다스북스

박현모(2014), 세종이라면 오래된 미래의 리더십, 미다스북스

밥 파이크(2014), 김경섭 외 역, 밥 파이크의 창의적 교수법, 김영사

백기복 외(2017), 직각혁신이 답이다, 매일경제신문사

백기복(2012), 조직행동연구, 창민사

백영훈(2015), NLP 이론과 실제, 한국학술정보

브레네 브라운(2020), 서현정 역, 수치심을 권하는 사회, 가나출판사

빅터 프랭클(2012), 이시형 역, 죽음의 수용소에서, 청아출판사

사이토 다카시(2014), 장은주 역, 잡담이 능력이다, 위즈덤하우스

사티아 나델라(2018), 최윤희 역, 히트 리프레시, 흐름출판

서대원(2014), 주역강의, 을유문화사

소프트뱅크 신 30년 비전 제작위원회(2012), 정문주 역, 손정의 미래를 말하다, 소프트뱅크 커머스

송복 외(2006), 박태준 사상, 미래를 열다, 도서출판 아시아

스콧 에블린(2016), 고현숙 역, 무엇이 임원의 성패를 결정하는가, 올림

스테펀 로빈스 외(2012), 이중우 외 역, 경영학원론, 성진미디어

스튜어트 다이아몬드(2015), 김태훈 역, 어떻게 원하는 것을 얻는가, 세계사

스티븐 풀(2017), 김태훈 역, 리씽크, 쌤앤파커스

신동준(2011), 후흑학, 위즈덤하우스

야빈저연구소(2018), 서상태 외 역, 아웃워드 마인드셋, 트로이목마

아이작 유(2017), 질문지능, 다연

안근용 외(2019), 조직문화가 전략을 살린다, 플랜비디자인

알렉스 퍼거슨 외(2016), 박세연 외 역, 리딩, 알에치코리아

애덤 그랜트(2016), 홍지수 역, 오리지널스, 한국경제신문 한경BP

앤드루 그로브(2019), 유정식 역, High Output Management, 청림출판

앨빈 토플러(2006), 김중웅 역, 앨빈 토플러, 부의 미래, 청림출판

야마구치 슈(2019), 김윤경 역, 철학은 어떻게 삶의 무기가 되는가, 다산북스

에노모토 히데타케(2015), 황소연 역, 마법의 코칭, 새로운 제안

에릭 슈미트 외(2020), 김민주 외 역, 빌 캠벨, 실리콘밸리의 위대한 코치, 김영사

에이미 에드먼슨(2019), 최윤영 역, 두려움이 없는 조직, 다산북스

에이미 커디(2016), 이정식 역, 프레즌스, RH코리아

에이미 휘태거(2017), 정지현 역, 아트씽킹, 예문아카이브

엘렌랭어(2016), 이양원 역, 마음챙김, 더 퀘스트

예지은 외(2013), 직장인의 행복에 관한 연구, 삼성경제 연구소

오인경 외(2019), 이제는 성과가 아닌 성장으로 말하라!, 학지사

요코타 히데기(2016), 임해성 역, 회사의 목적은 이익이 아니다, 트로이목마

우종민(2015), 우종민교수의 심리경영, 해냄

윌리엄 코헨(2018), 안세민 역, 피터 드러커 경영 컨설팅, 한국경제신문 한경BP

유발 하라리(2015), 조현욱 역, 사피엔스, 김영사

유발 하라리(2017), 김명주 역, 호모데우스, 김영사

유필화(2007), CEO, 고전에서 답을 찾다, 흐름출판

유필화(2010), 역사에서 리더를 만나다, 흐름출판

유필화(2016), 무엇을 버릴 것인가, 비즈니스북스

윤경훈(2016), 실패에서 배우는 경영(1,2), KMAC

윤정구(2016), 진성리더십, 라온북스

이내화 외(2018), 인생반전, 모아북스

이서윤 외(2020), 더 해빙, 수오서재

이시형(2010), 세로토닌하라, 중앙북스

이은형(2019), 밀레니얼과 함께 일하는 법, 메디치미디어

이지성(2011), 리딩으로 리드하라, 문학동네

이지훈(2020), 더 메시지, 세종서적

이진우(2020), 균형이라는 삶의 기술, 인플루엔셜

이항영, 백선아(2017), 밀레니얼 세대의 특성, DBR 2017.1월호

장현갑(2018), 명상에 답이 있다, 담앤북스

저비스 부시(2013), 장영철 외 역, 클리어 리더십, 영림카디널

전성철 외(2013), 가치관 경영, 쌤앤파커스

정권택 외(2015), 인재경영을 바라보는 두 시선, 삼성경제연구소

정동일(2016), 사람을 남겨라, 북스톤

정혜신(2020), 당신이 옳다, 해냄출판사

제임스 클리어(2020), 이한이 역, 아주 작은 습관의 힘, 비즈니스북스

조선일보(2021), 2030 MZ세대 탐구, 상명하복 기업문화 뒤집다(2021.2.24.)

조원경(2019), 나를 사랑하는 시간들, 로크미디어

조윤제(2016), 천년의 내공, 청림출판

조지프 마시아리엘로 외(2013), 조성숙 역, CEO가 잃어버린 단어, 비즈니스맵

존 고든(2017), 황선영 역, 인생단어, kmac

존 맥스웰(2012), 전형철 역, 리더의 조건, 비즈니스북스

존 휘트모어(2007), 김영순 역, 성과향상을 위한 코칭 리더십, 김영사

주디스 글레이저(2016), 김현수 역, 대화지능, 청림출판

중앙일보(2021), MZ세대 10명 중 6명, "조직문화 불합리하면 '짐 쌀 준비한다'"(2021.7.28.)

채사장(2015), 지적대화를 위한 넓고 얕은 지식(1,2), 한빛비즈

최윤식(2020), 빅체인지 코로나19 이후 미래 시나리오, 김영사

최익성 외(2019), 플랜비디자인이 쓰다, 플랜비디자인

최익성(2015), 가짜회의는 당장 버려라, 초록물고기

크리스 맥체스니 외(2016), 이창신 역, 성과를 내고 싶으면 실행하라, 김영사

크리스 주크 외(2016), 안진환 역, 창업자 정신, 한국경제신문 한경BP

클라우드 슈밥 외(2021), 이진원 역, 위대한 리셋, 메가스터디북스

테레사 에머빌 외(2015), 윤제원 역, 전진의 법칙, 정혜

토니 스톨츠푸스(2016), 이시은 외 역, 코칭퀘스천, 스토리 나인

페트릭 라일리(2003), 안진환 역, THE ONE PROPOSAL, 을유문화사

페트릭 렌시오니(2018), 유정식 역, 최고의 팀은 왜 기본에 충실한가, 흐름출판

포 브론슨 외(2013), 서진희 역, 승부의 세계, 도서출판 물푸레

폴정(2016), 폴정의 코칭설명서, 아시아코치센타

피터 드러커 (2005), 남상진 역, 실천하는 경영자, 청림출판

피터 드러커 외(2019), 유정식 역, 피터 드러커의 최고의 질문, 다산북스

피터 드러커(2007), 이재규 역, 마지막 통찰, 명진출판

피터 드러커(2009), 조성숙 외 역, 피터 드러커의 매니지먼트(상,하), 21세기북스

피터 드러커(2017), 이재규 역, 프로페셔널의 조건, 청림출판

피터 드러커(2019), 권영설 외 역, 피터 드러커의 위대한 혁신, 한국경제신문 한경 BP

피터 드러커(2019), 이재규 역, 미래사회를 이끌어가는 기업가 정신, 한국경제신문 한경 BP

피터 드러커(2019), 이재규 역, 피터 드러커 자기경영노트, 한국경제신문 한경 BP

피터 틸 외(2016), 이지연 역, 제로 투 원, 한국경제신문 한경BP

한근태(2016), 고수의 일침, 미래의 창

한기석(2019), 어른의 독서, 성안북스

헨리 뢰디거 외(2015), 김아영 역, 어떻게 공부할 것인가, 미래엔

헨리 킴지하우스 외(2016), 김영순 외 역, 코엑티브 코칭, 김영사

행복한 리더가 끝까지 간다

초판 1쇄 인쇄 2021년 12월 7일
초판 2쇄 발행 2022년 1월 14일

지은이   김영헌
펴낸이   최익성

책임편집 김정웅
편 집   이유림

마케팅 총괄   임동건
마케팅   임주성, 홍국주, 김아름, 신현아, 김다혜
마케팅 지원   황예지, 신원기, 박주현, 김미나, 이현아, 안보라
경영지원   임정혁, 이순미
펴낸곳   플랜비디자인
디자인   박영정

출판등록   제 2016-000001호
주 소   화성시 동탄첨단산업1로 27 동탄IX타워
전 화   031-8050-0508
팩 스   02-2179-8994
이메일   planbdesigncompany@gmail.com

ISBN   979-11-6832-004-8 (03320)